Renée Holler
Tatort Forschung · Die mysteriösen X-Strahlen

**Ratekrimis mit Aha-Effekt
aus der Reihe Tatort Forschung:**

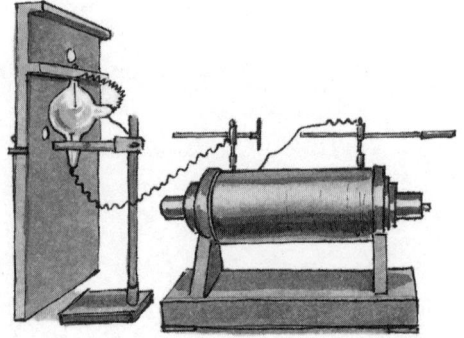

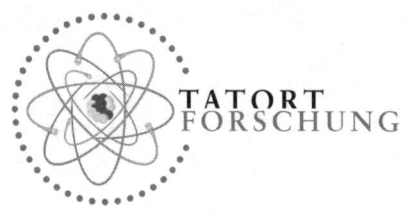

TATORT
FORSCHUNG

Renée Holler

Die mysteriösen
X-Strahlen

Illustrationen von Yousun Koh

Zu diesem Buch steht eine Lehrerhandreichung
zum kostenlosen Download bereit unter:
http://www.loewe-verlag.de/paedagogen

ISBN 978-3-7855-7123-1
1. Auflage 2011
© 2011 Loewe Verlag GmbH, Bindlach
Umschlagillustration: Yousun Koh
Umschlagfoto: gettyimages/Atommodell
Printed in Germany (007)

www.loewe-verlag.de

Inhalt

Besuch zur Mittagszeit

„Ich habe einen Bärenhunger", erklärte Schorsch, als er hinter seinem älteren Bruder Michel die Stufen zur Wohnung im dritten Stock hocheilte. Man konnte den Speckkuchen bereits vom Treppenhaus riechen. Michel steckte den Schlüssel, der an einem Band um seinen Hals hing, ins Schloss und öffnete die Tür. Die Schulranzen landeten achtlos neben der Garderobe und die Brüder stürmten in die Küche.

„Hallo, Mama", begrüßten sie ihre Mutter, die, einen Kochlöffel in der Hand, am Herd stand und im Topf rührte. Der Speckkuchen lag bereits in Stücke geschnitten auf einem Holzbrett in der Mitte des Tischs. Davor saß ein junger Mann.

„Hallo, Jungs", begrüßte er die Brüder freundlich.

„Tag, Herr Frank", erwiderten sie. Albert Frank, ein Medizinstudent, war Anfang des Sommersemesters bei den Gerners eingezogen. Da das Haushaltsgeld, das die verwitwete Mutter durch Näharbeiten verdiente, nicht ausreichte, vermietete sie zusätzlich ein Zimmer an Würzburger Studenten.

Michel ging am Tisch vorbei auf den Herd zu und blickte neugierig in den Topf.

11

„Mmh, lecker", stellte er fest. „Kartoffelsuppe und Speckkuchen, mein Lieblingsgericht." Danach wollte er sich schon setzen, doch die Mutter hielt ihn auf.

„Hände waschen", erinnerte sie ihn. Folgsam ging der Junge zur Spüle, wo Schorsch bereits seine Hände einseifte.

„Lehrer Mayer hat uns heute im Rechnen geprüft", beschwerte sich dieser gerade, während er die nassen Hände am Handtuch abtrocknete. „War unmöglich! Ich musste mich vor die Klasse stellen und das Zwölfer-Einmaleins aufsagen." Stöhnend ließ er sich auf einen Stuhl fallen.

„Macht dir Rechnen keinen Spaß?", fragte Herr Frank interessiert.

„Rechnen und Spaß?", erwiderte der Junge. „Niemals!" Hungrig griff er nach einem Stück Speckkuchen, doch die Mutter kam ihm zuvor. „Schorsch", rügte sie den Jungen. „Sei nicht so unhöflich. Lass unserem Gast den Vortritt." Dann hob sie den Topf mit der dampfenden Suppe vom Herd und stellte ihn auf einen Untersatz mitten auf den Küchentisch.

„Hatten Sie wenigstens einen guten Morgen, Herr Frank?", fragte sie den Studenten, während sie seinen Teller mit Suppe füllte.

„Danke der Nachfrage, Frau Gerner", erwiderte der

Student. „Mein Vormittag war ausgezeichnet. Ich besuchte eine äußerst interessante Vorlesung im Physik-Institut der Universität."

„Im Physik-Institut?", wunderte sich Michel. „Aber ich dachte, Sie studieren Medizin?"

„Das schon. Aber es handelte sich heute um eine spezielle physikalische Vorlesung für Mediziner", erklärte er eifrig. „Ein Professor hat dort vor einigen Monaten eine bemerkenswerte Entdeckung gemacht, die vor allem für die Medizin von großer Bedeutung ist. Er hat die X-Strahlen entdeckt." Genussvoll biss er in ein Stück Speckkuchen. „Schmeckt hervorragend, Frau Gerner."

Die Mutter lächelte, während sie die Teller der Jungen füllte.

„X-Strahlen?", fragte Michel. „Was ist das?" Er tauchte seinen Löffel hungrig in die Suppe und griff mit der anderen Hand nach einem Stück Kuchen.

„Das sind Strahlen, mit denen man durch Haut und Muskeln in den menschlichen Körper blicken kann."

„Was?" Dem Jungen blieb vor Staunen fast der Bissen im Hals stecken. „Wie soll das möglich sein, ohne dabei den Körper aufzuschneiden?"

„Im Grunde ganz einfach", erklärte der Student. „Man muss nur elektrischen Strom durch eine luftleere Glasröhre schicken. Dabei beginnt die Röhre zu glühen und Strahlen auszusenden. Diese Strahlen

durchdringen fast alles, was man davor hält: Holz, Karton, Bücher. Den menschlichen Körper machen sie durchsichtig, sodass man die Knochen sehen kann."

„Und wozu soll das gut sein?" Die Mutter setzte sich kopfschüttelnd zu den anderen an den Tisch. „Wer würde denn Knochen sehen wollen?"

„Ärzte", erklärte der Student ernst. „Die neuen Strahlen eröffnen unbegrenzte Möglichkeiten. Man kann damit beispielsweise komplizierte Knochenbrüche untersuchen, Fremdkörper wie Nägel und Glasscherben bei Verletzungen erkennen und ..." Albert Frank kam nicht dazu, weiterzusprechen, denn im nächsten Augenblick läutete es an der Haustür.

Die Mutter blickte von ihrem Teller auf. „Michel, schau mal bitte nach, wer das ist."

Der Junge ging zur Tür.

„Onkel Fritz, guten Tag", begrüßte er seinen Onkel erstaunt. Zwar kam der Polizist öfter nach Dienstschluss vorbei, um Schwester und Neffen zu besuchen, doch nie zur Mittagszeit.

„Wir sind beruflich hier", antwortete der Onkel kurz und rückte seinen Helm zurecht. Erst jetzt sah der Junge, dass er nicht allein gekommen war. Im dunklen Treppenhaus hinter ihm stand ein großer schlanker Mann. Er trug keine Uniform, sondern einen Anzug mit Mantel und Hut.

„Beruflich?" Michel musterte die beiden Männer. So ein Mist. Hatte Schreiner Haaf ihn gestern doch gesehen, als sein Fußball versehentlich durch dessen Werkstattfenster flog und dabei die Fensterscheibe zerschmetterte? Doch der Onkel schritt an ihm vorbei durch den Flur in die Küche.

„Kriminalkommissar Becker", stellte er dort der Schwester seinen Begleiter vor. „Wir sind gekommen, um mit deinem Untermieter zu sprechen."

Michel atmete erleichtert auf. Die Polizei war doch nicht wegen ihm hier.

„Mit Herrn Frank?", fragte die Mutter erstaunt. „Ist etwas passiert?"

Doch der Kommissar gab keine Antwort, sondern wandte sich direkt an den Studenten, der gerade ein Stück Speckkuchen abgebissen hatte. „Albert Frank?"

Hastig schluckte der junge Mann. Dann stand er auf und verbeugte sich höflich. „Kann ich Ihnen helfen, Herr Kriminalkommissar?"

„Wir müssen Sie bitten, mit uns auf die Wache zu kommen."

Bestürzt blickte der Student von Onkel Fritz zum Kommissar. „Wozu?"

„Wir wollen uns mit Ihnen unterhalten. Wachtmeister Müller", wandte er sich an den Onkel, „begleiten Sie den Verdächtigen zur Wache. Ich werde
mich inzwischen hier umsehen." Noch während Onkel
Fritz den jungen Mann zur Tür führte, bat Kommissar
Becker die Mutter, ihm dessen Zimmer zu zeigen.

„Was hat er denn angestellt?", fragte sie ihn be-
sorgt.

„Es handelt sich um eine vertrauliche Sache, über
die ich mich leider nicht äußern kann", erklärte er,
bevor er anfing, Albert Franks Sachen zu durch-
suchen.

„Herr Frank ist ein so netter junger Mann", murmelte die Mutter vor sich hin, als sie zurück in die
Küche kam. „Es muss sich um eine Verwechslung

17

handeln." Nachdenklich begann sie, die leeren Suppenteller zu stapeln und zur Spüle zu tragen.

Als der Kommissar nur wenig später die Wohnung verließ, spülte die Mutter immer noch. Da hatte Michel eine Idee. Während die Mutter in der Küche beschäftigt war, könnten er und Schorsch sich heimlich in Alberts Zimmer umsehen. Vielleicht hatte der Kommissar Spuren übersehen und sie könnten herausfinden, wieso man den Studenten abgeführt hatte.

Doch im Zimmer sah alles wie immer aus. Da standen ein Bett, ein Kleiderschrank, ein Waschtisch mit Schüssel und Krug, ein Tisch und ein Stuhl. Auf dem Tisch lag ein Stapel Bücher. Sonst nichts.

„Hier ist nichts zu finden." Schorsch wollte nicht,

dass die Mutter die Jungs im Zimmer des Untermieters entdeckte.

Doch Michel begann trotzdem, zuerst den Schrank, danach die Bücher auf dem Tisch zu untersuchen. Allerdings fiel ihm tatsächlich nichts Ungewöhnliches auf. Nur aus dem letzten Buch, einem Lehrbuch der Anatomie, flatterte ein Blatt Papier, das dicht mit Zahlen beschrieben war.

„Los, komm", forderte Schorsch seinen Bruder auf. Das Geschirrklappern in der Küche hatte aufgehört. „Das sind nur langweilige Rechenaufgaben."

Doch im Gegensatz zu seinem jüngeren Bruder interessierte sich Michel für Mathe. Er musterte die mit Tinte geschriebenen Zahlenreihen.

„Das sind keine Rechenaufgaben", stellte er fest. Er deutete auf den Rand des Briefbogens, wo jemand mit Bleistift winzige Buchstaben hinzugefügt hatte. „Z = 1, Y = 2 ... Das sieht eher wie ein Geheimcode aus. Herr Frank hat die Lösung an den Rand geschrieben."

Bevor Michel hinter seinem jüngeren Bruder das Zimmer verließ, steckte er den Zettel in seine Hosentasche. Wenn sie den Text entzifferten, würden sie vielleicht dahinterkommen, wieso man Albert Frank festgenommen hatte.

Physik-Institut
Universität Würzburg

18-24-19+16-22-13-13-22+23-22-
18-13+20-22-19-22-18-14-13-18-
8=4-22-13-13+23-6+8-24-19-4-22-
18-20-8-7+4-22-9-23-22+26-6-24-
19+18-24-19+8-24-19-4-22-18-20-
22-13=...

Z=1, Y=2, X=3... A=26

? *Wie lautet die Nachricht?*

Polizeispitzel

„Kann mal bitte jemand aufmachen?", kam Mutters Stimme aus der Küche. Schon wieder hatte es an der Haustür geläutet. Es war Klara, die Tochter von Schneider Hoffmann, dessen Laden im Erdgeschoss des Hauses lag. Klara, gleichaltrig mit Michel, war mit ihm seit der ersten Klasse befreundet.

„Wieso hat die Polizei euren Untermieter abgeführt?", fragte sie unverblümt, während sie ihre langen Zöpfe mit einer flinken Kopfbewegung über die Schultern warf.

„Wer ist es?" Mutter war in der Küchentür aufgetaucht. Sie trocknete sich die Hände an der Schürze ab.

„Nur Klara", antwortete Michel, während er dem Mädchen verschwörerisch zublinzelte. „Sie will wissen, ob wir zum Spielen auf die Straße dürfen."

„Guten Tag, Frau Gerner", begrüßte Klara die Mutter mit einem Knicks.

„Guten Tag, Klara", erwiderte die Frau lächelnd. „Na, dann geht schon. Aber seid rechtzeitig zum Abendessen zurück. Und Klara, könntest du bitte deinem Vater ausrichten, dass ich für die Knopflöcher der Hemden noch etwas länger brauche?"

„Selbstverständlich, Frau Gerner", antwortete das Mädchen. „Ich werde es ihm ausrichten." Gleich darauf stürmten die drei Freunde polternd die Treppe hinab, durchs Tor auf die Straße hinaus, wo sie beinahe mit einem alten Mann, der einen Karren voller Lumpen Richtung Gerberstraße schob, zusammenstießen.

„Langsam, langsam", fuhr er sie an. „Passt gefälligst auf, wo ihr hingeht."

Mehrere Mädchen, die ein Stück die Straße entlang ein Hüpfspiel aufs Pflaster gemalt hatten, wichen dem unfreundlichen Mann gerade noch rechtzeitig aus.

„Willst du mitspielen?", rief eines Klara zu. Doch sie schüttelte den Kopf. Zum Spielen hatte sie jetzt keine Zeit. Sie musste erst herausfinden, was mit Gerners Untermieter geschehen war.

„Nun sagt schon, was er verbrochen hat", drängte sie die beiden Freunde.

„Das wissen wir leider auch noch nicht", erklärte ihr Michel.

„Was?" Enttäuscht blickte Klara von einem zum anderen. „Ich glaube euch kein Wort. Euer Onkel hat eure Mutter sicher längst über alle Einzelheiten informiert."

„Ehrenwort. Er hat den Studenten nur wortlos abgeführt. Wir sind genauso ahnungslos wie du." Er blickte sich vorsichtig um, dann zog er das Briefpapier mit der geheimen Botschaft aus der Hosentasche. „Allerdings haben wir etwas Merkwürdiges gefunden."

Klara betrachtete die Zahlen interessiert und nachdem Michel erklärt hatte, was darauf stand, fragte sie gleich, ob sie die Polizei über ihren Fund verständigt hätten.

„Noch nicht." Schorsch schüttelte den Kopf. „Erst wollen wir herausfinden, wer den Brief geschrieben hat und was Herr Frank genau damit zu tun hat."

„Da steht doch deutlich drauf, woher der Brief stammt", meinte Klara.

Michel nickte. „Das schon, doch es könnte ebenso möglich sein, dass er den Drohbrief selbst verfasst hat und nicht mehr dazu kam ihn abzuschicken. Immerhin besucht Herr Frank Vorlesungen im Physik-Institut."

Klara musterte den Briefkopf stirnrunzelnd.

„Ich kenne das Briefpapier", meinte sie schließlich.

„Was?" Die beiden Jungen blickten die Freundin verwundert an.

„Manchmal helfe ich meinem Papa, seinen Papierkram zu sortieren", erklärte sie. „Bestellungen, Rech-

24

nungen und so 'n Zeug. Da war eine Bestellung vom Physik-Institut mit dabei. Allerdings weiß ich nicht mehr, von wem sie stammte. Ich könnte heute Abend nachsehen."

„Kannst du das nicht gleich tun?", forderte Schorsch ungeduldig.

Doch Klara schüttelte den Kopf, sodass die Zöpfe flogen. „Nein. Da würde mein Papa Fragen stellen. Heute Abend, wenn er nicht mehr in der Werkstatt ist, geht das viel besser." Sie blickte zu den Mädchen, die immer noch spielten. „Und jetzt habe ich Lust auf ein Hüpfspiel." Sie nickte den Jungen kurz zu und spazierte die Straße entlang zu ihren Freundinnen. Michel und Schorsch blieb nichts anderes übrig, als sich bis zum nächsten Morgen zu gedulden.

Viel später, nachdem Michel und Schorsch bereits zu Bett gegangen waren, klingelte es abermals an der Haustür. Frau Gerner, die oft bis spät in der Nacht in der Küche hockte, um zu nähen, war auch heute Abend länger auf. Die Jungs hörten, wie sie ihren Stuhl zurückschob, aufstand und zur Tür ging.

„Fritz", begrüßte sie ihren Bruder. „Einen Augenblick dachte ich schon, es sei Herr Frank." Der Student war noch immer nicht von der Wache zurückgekehrt. „Komm in die Küche. Dann kannst du mir bei einem Gläschen Wein berichten, weshalb ihr ihn verhaftet habt." Man vernahm Schritte Richtung Küche, danach ein leises Klicken, als Mutter die Küchentür hinter sich schloss. Von dem, was Onkel Fritz ihr anvertraute, konnte man kein Wort verstehen.

„Los", forderte Schorsch den älteren Bruder auf. Blitzschnell war er aus dem Bett geschlüpft. „Das dürfen wir uns nicht entgehen lassen."

Einen Augenblick später standen die beiden Jungen barfuß, in ihren Schlafanzügen, im dunklen Flur und pressten ihre Ohren an die geschlossene Küchentür.

„Was?", stieß die Mutter gerade ungläubig hervor. „Das kann nicht sein."

Schorsch beugte sich, um durchs Schlüsselloch zu blicken. Im Licht der Petroleumlampe sah er, wie die Mutter erschrocken ein Foto betrachtete. Was darauf abgebildet war, konnte man nicht erkennen.

„Du hast mich schon richtig verstanden", erwiderte der Onkel. „Ich wiederhole", und er begann eine lange Liste von Vornamen aufzuzählen: „Friedrich, Richard, Ida, Emil, Dora, Anton, Konrad, Richard, Anton, Ulrich, Siegfried, Emil. Spurlos verschwunden."

„Und ihr seid euch absolut sicher, dass Albert Frank der Täter ist?"

„Er ist der einzige Verdächtige", erwiderte der Onkel. „Dummerweise haben wir jedoch nicht genug Beweise, ihn länger auf der Wache festzuhalten. Wir müssen ihn spätestens morgen früh wieder freilassen." Er trank einen Schluck Wein. „Allerdings werden wir den Mann weiterhin beschatten. Immerhin besteht die Möglichkeit, dass er uns zu der Entführten führt." Er blickte seine Schwester ernst an. „Aus diesem Grund, liebe Ottilie, habe ich auch eine Bitte an dich."

„Du erwartest doch nicht etwa, dass ich dem Mann nachspioniere?"

„Wir wollen nur, dass du ihn heimlich beobachtest und uns benachrichtigst, falls er sich verdächtig benimmt. Da er bei dir zur Untermiete wohnt, würde er nie Verdacht schöpfen, dass du für uns als Spitzel arbeitest."

„Ich als Polizeispitzel?", lachte die Mutter ungläubig. „Das kann nicht dein Ernst sein."

Doch Onkel Fritz scherzte nicht. „Um die Entführung aufzuklären, müssen wir alles versuchen", erklärte er. „Bevor es zu spät ist."

Schorsch sah durchs Schlüsselloch, wie die Mutter dem Onkel das Foto zurückgab und danach nachdenklich einen neuen Faden einfädelte.

„Ich werde euch helfen", meinte sie schließlich. „Allerdings unter einer Bedingung: Die Jungs dürfen auf keinen Fall in die Angelegenheit verwickelt werden."

„Selbstverständlich. Niemand wird erfahren, dass du Albert Frank beschattest." Mit einem Schluck leerte er das Glas und stand auf. „Ich gehe jetzt besser nach Hause. Es war ein langer Tag." Er betrachtete seine Schwester kurz. „Und Ottilie, sei bitte vorsichtig. Der Mann könnte gefährlich werden."

Kurz darauf lagen die beiden Brüder schlaflos in ihrer winzigen Kammer.

„Meinst du, Herr Frank hat eine Schulklasse entführt?", flüsterte Schorsch, während er seine Decke zum Kinn hochzog.

„Keine Ahnung", erwiderte Michel nachdenklich. „Offensichtlich sind dieser Friedrich, Richard, Ida und die anderen spurlos verschwunden. Was jedoch genau mit ihnen geschehen ist, scheint selbst die Polizei noch nicht zu wissen." Er drehte sich zur Wand und betrachtete gedankenverloren die silbernen Muster, die das Mondlicht durchs Mansardenfenster warf.

„Onkel Fritz sagte, dass der Täter die Polizei möglicherweise zu *der* Entführten führen würde", überlegte Schorsch. „Dabei sprach er nur von *einer* Entführten. Was, wenn es sich dabei gar nicht um viele, sondern nur um eine Person handelt?"

„Eine Person mit zwölf verschiedenen Namen?"

„Natürlich nicht. Doch wenn Lehrer Mayer etwas buchstabiert, dann verwendet er manchmal Begriffe dazu. Wie Ameise für A und Biene für B." Schorsch setzte sich ruckartig im Bett auf. „Genau. Das ist es! Ich weiß, wie die verschwundene Person heißt."

? *Wie heißt die Person?*

Entdeckung im Labor

„Vielleicht sollten wir doch die Polizei verständigen und ihnen den verschlüsselten Brief zeigen", überlegte Schorsch, als er und Michel am nächsten Morgen am Küchentisch saßen. Frau Gerner war bereits zu Schneider Hoffmann gegangen, um ihm die fertigen Näharbeiten zu bringen. „Wir könnten auf dem Weg zur Schule an der Wache vorbeigehen."

„Das hat Zeit", erwiderte Michel mit vollem Mund. Er verzehrte gerade genüsslich ein Marmeladenbrot. „Erst will ich wissen, was Klara über das Briefpapier herausgefunden hat." Er leckte sich die klebrigen Finger und trank einen Schluck Milch. Dann bückte er sich, um seine Schnürsenkel zuzubinden.

„Was ist denn das?" Unter dem Tisch lag ein Stück graue Pappe. Erst als er sie umdrehte, erkannte er, dass es sich um ein Foto handelte. Es war das Porträt einer jungen Frau. Sie saß steif auf einem Stuhl, die Hände auf dem Schoß, und blickte ernst in die Kamera. Am Rand hatte jemand mit Tinte geschrieben: *Für Onkel Johann von seiner Nichte Frieda.*

„Ein Foto von der verschwundenen Frau", stellte Schorsch leise fest, während er seinem Bruder neugierig über die Schulter blickte. „Das ist das Bild, das

31

Für Onkel Johann von seiner Nichte Frieda

Onkel Fritz gestern Mama gezeigt hat. Er hat es wohl versehentlich vergessen. Wir müssen es ihm unbedingt zurückgeben."

Michel steckte die Aufnahme in seine Hosentasche, als die Mutter in die Küche trat. Sie trug einen Wäschekorb voller nagelneuer Hemden, an denen nur noch die Knopflöcher und die Knöpfe fehlten.

„Klara wartet unten schon auf euch", informierte sie ihre Söhne.

Das ließ sich Michel nicht zweimal sagen. Er packte seinen Schulranzen und rannte zur Tür. „Tschüss, Mama!" Und schon war er im Treppenhaus. Auch Schorsch schulterte seinen Ranzen und folgte dem älteren Bruder. Sobald die Jungen unten aus dem Torweg auf die Straße traten, stürzte Klara auf sie zu.

„Ich habe herausgefunden, von wem der Brief stammt", erklärte sie aufgeregt. „Zumindest hat jemand bei meinem Vater auf dem gleichen Papier einen grünen Jagdanzug bestellt."

„War es Albert Frank?"

„Nein, es handelt sich um Wilhelm Conrad Röntgen, einen Universitätsprofessor. Der Mann hat sich schon öfter bei Vater Anzüge und Hemden schneidern lassen. Er wohnt am Pleicher Ring in einer Wohnung im Obergeschoss des Physik-Instituts."

„Gute Arbeit", lobte Michel die Freundin. Während die drei gleich anschließend Richtung Schule eilten, zog er das Foto von Frieda Krause aus der Hosentasche und berichtete dem Mädchen, was sie am Vorabend an der Küchentür belauscht hatten.

Klara runzelte die Stirn.

„Falls der Professor tatsächlich den Drohbrief geschrieben hat, bedeutet dies vermutlich, dass er weiß, wo Herr Frank die entführte Frau versteckt hält", meinte sie. „Er will ihn deswegen erpressen."

„Ich kenne dein Geheimnis. Wenn du schweigst, werde auch ich schweigen ...", wiederholte Schorsch den Inhalt des verschlüsselten Briefs. „Das klingt aber so, als hätte der Professor ebenfalls etwas zu verbergen."

„Das sind alles nur Vermutungen", wandte Michel ein. Inzwischen waren sie bei der Schule angekommen. „Wir wissen nicht einmal, wer sonst noch das Briefpapier benutzt. Sicher ist bisher nur, dass es aus dem Physik-Institut stammt."

Klaras Blick hellte sich auf. „Wir könnten nach dem Unterricht zum Institut gehen und uns dort umsehen. Wenn uns jemand anspricht, sagen wir einfach, dass wir dem Professor ausrichten sollen, sein Anzug sei fertig."

Die Jungen waren von dem Vorschlag begeistert und die drei Freunde planten, sich nach dem Mittagessen vor Schneider Hoffmanns Laden zu treffen. Von dort bis zum Pleicher Ring waren es nur etwa zehn Minuten. Schon wenig später waren sie vor dem Universitätsgebäude, das dem Park am ehemaligen Stadtgraben gegenüberlag, angekommen. Das eiserne Gatter, das den Vorgarten von der Straße trennte, stand weit offen. Auch der Eingang zum Gebäude war unbeaufsichtigt. Der Pförtner, der gewöhnlich Gäste empfing, machte wohl gerade Pause. Vom Eingang aus erstreckte sich ein langer, verlassener Korridor. Nur hinter manchen Türen konnte man gedämpfte Stimmen hören.

„Und jetzt?", fragte Michel. Er hatte keine Ahnung,

was sie als Nächstes tun sollten. Genau in diesem Augenblick kam ein älteres Mädchen die Stufen vom oberen Stockwerk herab und stellte sich direkt vor ihnen auf. Die Arme in die Seite gestemmt, blickte es die Kinder herausfordernd an.

„Was wollt ihr hier?"

„Wir suchen Professor Röntgen", erklärte Klara schnell.

„Möchtet ihr ihn für eine Reportage befragen?"

„Eine Repor-... was?"

Das Mädchen lachte. „Ich mach doch nur Spaß. Aber seit Onkel die Entdeckung gemacht hat, kommen ständig Reporter vorbei, um ihn zu befragen und Zeitungsartikel über ihn zu schreiben." Einen Augenblick hielt das Mädchen inne, dann stellte es sich vor:

„Ich heiße Josephina, ich bin Professor Röntgens Nichte und wohne hier."

„Was hat er denn entdeckt?", fragte Klara interessiert.

„Na, die X-Strahlen natürlich", erklärte Josephina. „Habt ihr nichts davon gehört? Man will sie jetzt sogar nach ihm in ‚Röntgenstrahlen' umbenennen."

„X-Strahlen?" Michel überlegte. „Sind das die Strahlen, die Gegenstände durchdringen?"

Das Mädchen nickte. „Haut, Muskeln, Holz und Pappe ... – sie machen alles durchsichtig."

„Na, wenn das kein Zufall ist", murmelte Schorsch. Dann wandte er sich an Klara. „Herr Frank hat uns gestern von diesen neuen Strahlen vorgeschwärmt."

„Wollt ihr das Labor sehen, in dem Onkel seine Entdeckung gemacht hat?" Ohne eine Antwort abzuwarten, schritt Josephina den Gang entlang, der durch die ganze Länge des Gebäudes führte. „Kommt!", forderte sie die drei Freunde auf. „Wenn ihr mit ihm sprechen wollt, müsst ihr sowieso warten, da er jetzt noch in seiner Vorlesung ist."

Sie folgten ihr den Korridor entlang, bis sie vor einer Tür am anderen Ende stehen blieb. Erst nachdem sie sich wachsam umgeblickt hatte, trat sie ein.

„Onkel Wilhelms Labor", verkündete sie triumphierend. „Genau hier hat er die Experimente durchgeführt, bei denen er die neuen Strahlen entdeckte."

Im Raum standen mehrere Tische voller merkwürdiger Apparaturen. Da gab es bauchige Glasröhren in Ständern, Kabel, Drähte, trommelförmige Zylinder und andere seltsame Geräte. Staunend blickten sie sich im Zimmer um. Bis auf das Ticken einer Wanduhr war es einen Augenblick lang mucksmäuschenstill.

„Und wieso wollt ihr Onkel Wilhelm sprechen?", unterbrach Josephina das Schweigen.

„Sein Anzug ...", begann Klara, doch Michel kam ihr zuvor.

„Wir haben dies auf der Straße gefunden", log er und zeigte dem Mädchen den Briefbogen mit dem verschlüsselten Zahlencode. „Wir vermuten, dass der Professor diese physikalische Formel verloren hat."

Josephina musterte das Blatt. „Zwar ist das Institutspapier, doch das ist nicht Onkel Wilhelms Handschrift."

„Wenn es nicht seine Notizen sind, hast du vielleicht eine Ahnung, wem sie gehören könnten? – Der Besitzer will sie sicher zurück."

„Das ist schwierig, denn da steht kein Name drauf. Es gibt viele Studenten hier. Zwar sollte das Briefpapier nur für offizielle Zwecke benutzt werden, doch

jeder kann es sich leicht beschaffen. Ich selbst be-
nutze es oft als Malpapier. Hier." Sie trat auf einen
Schubladenschrank zu und zog die oberste Schublade
auf. Sie war randvoll mit Briefpapier gefüllt.

„Alles Institutspapier", erklärte sie. „Da kommt jeder ran. Am besten, ihr gebt mir den Brief, dann kann
ich meinen Onkel fragen. Der kennt vermutlich die
Handschriften seiner Studenten."

„Sind das Fotos, die mit X-Strahlen aufgenommen
wurden?", unterbrach Klara. Sie hatte sich einem
kleineren Tisch neben dem Fenster genähert, der mit
unzähligen Fotografien bedeckt war.

„Ja, das sind Aufnahmen, die Onkel Wilhelm und
seine Studenten von verschiedenen Dingen gemacht
haben. Hände, Beine, Tiere ..." Stolz deutete sie auf
die Umrisse eines Froschs. „Hier kann man genau erkennen, wie das Skelett eines Froschs aussieht, und
hier die Nägel in einem Schuh."

Klara überflog die Bilder.

„Gib mir doch mal das Foto von der verschwundenen Frau", forderte sie Michel auf.

Der Junge blickte sie verwundert an, zog aber trotzdem das Bild aus der Hosentasche.

Klara hielt es neben die Aufnahmen auf dem Tisch.

„Höchst interessant", murmelte sie.

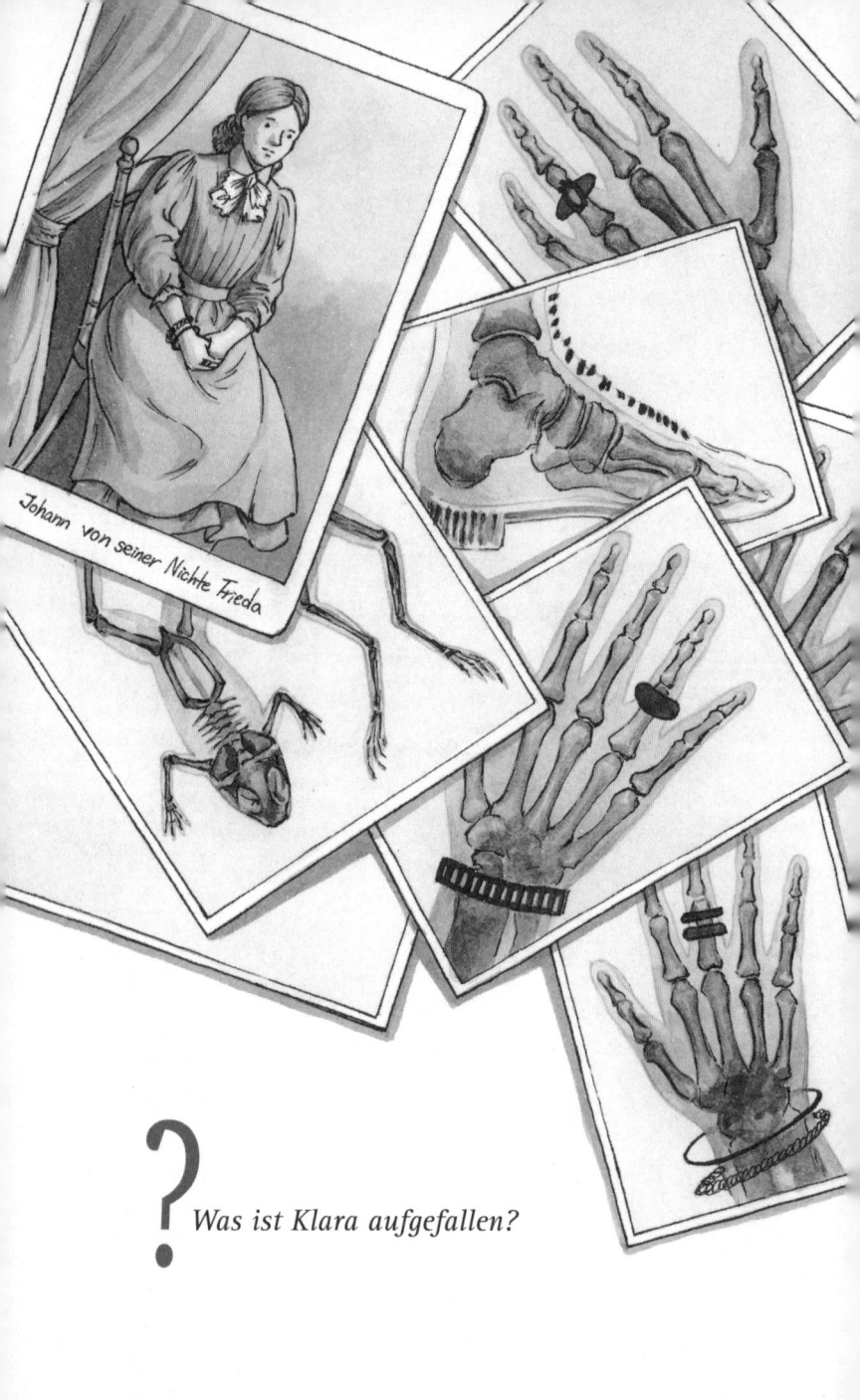

Johann von seiner Nichte Frieda

? *Was ist Klara aufgefallen?*

Auf der Wache

„Josephina!", ertönte eine tiefe Stimme von der Tür her. Ein großer schlanker Mann mit dunklen Haaren und langem Bart war ins Labor getreten.

„Was machst du hier?" Er blickte irritiert von dem Mädchen zu den fremden Kindern. „Dies ist doch kein Spielplatz."

„Onkel, ich wollte nur ..." Aber der Mann unterbrach sie ungeduldig. „Geh sofort hoch in die Wohnung. Sollst du nicht Klavier üben?"

„Ja, Onkel", erwiderte sie artig und schlüpfte aus dem Raum, ohne die drei Freunde auch nur eines weiteren Blickes zu würdigen.

„Schneider Hoffmann lässt Ihnen ausrichten, dass der Jagdanzug fertig ist", begann Klara, noch bevor der Professor etwas einwenden konnte.

„Jagdanzug?" Professor Röntgen blickte die Kinder zerstreut an. „Welcher Anzug?" Erst dann verstand er. „Ach so. Richte Herrn Hoffmann bitte aus, dass ich den Anzug demnächst abhole." Kopfschüttelnd schritt er auf den Tisch am Fenster zu.

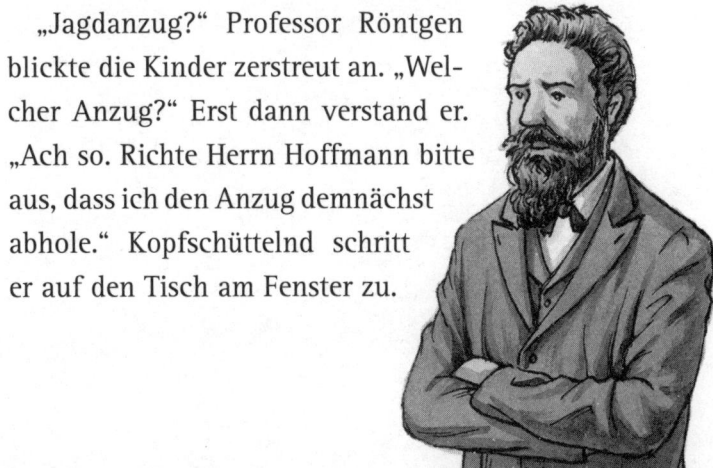

„Was für eine Unordnung hier schon wieder herrscht." Er begann, die Aufnahmen in ordentliche Stapel zu sortieren. Die Kinder, die sich höflich verabschiedeten, nahm er nicht mehr wahr.

„Frieda Krause war hier im Institut", erklärte Klara, als sie wieder im Korridor standen. „Das steht fest. Doch ..." Sie kam nicht dazu weiterzusprechen, denn Michel zog sie und Schorsch jäh um die Ecke, wo sich ein weiterer Gang mit zahlreichen Türen erstreckte. Stumm hielt er sich einen Finger vor den Mund.

„Was ist denn jetzt los?", fragte das Mädchen.

„Herr Frank ist gerade aus der Tür gegenüber in den Gang getreten", wisperte Michel kaum hörbar.

„Ich dachte, der sitzt auf der Wache fest?"

„Onkel Fritz sagte gestern Abend, dass sie ihn heute wegen mangelnder Beweise freilassen würden. Vermutlich ist er gleich von der Wache hierhergekommen, um seine Vorlesungen nicht zu versäumen. Er darf uns auf keinen Fall hier sehen." Vorsichtig spähte er um die Ecke, wo der Student gerade mit einer Gruppe von Studienkollegen durchs Eingangsportal schritt. Er hatte die Kinder nicht bemerkt. Sicherheitshalber warteten die drei noch eine Weile, bevor auch sie das Institut verließen.

„Trotz aller Nachforschungen wissen wir immer noch nicht, wer den Drohbrief geschrieben hat", beschwerte sich Schorsch, als sie sich gleich darauf auf den Heimweg machten. Ohne auf den Verkehr zu achten, überquerte er die Stelzengasse. Michel packte ihn gerade noch am Arm, als dicht vor ihnen eine Droschke vorüberfuhr.

„Du musst schauen, bevor du eine Straße überquerst", wies er den jüngeren Bruder an. „Sonst wirst du noch eines Tages überfahren."

Doch Schorsch hörte nicht zu.

„Statt Antworten zu finden, ergeben sich immer nur mehr Fragen", murrte er. „Was hatte Frieda Krause im Physik-Institut zu suchen und wer hat das Knochenbild von ihrer Hand gemacht?"

„Außer Professor Röntgen käme da vermutlich eine Reihe von Studenten infrage", überlegte Klara. „Einschließlich eurem Untermieter. Allerdings bedeutet dies längst nicht, dass das Knochenbild auch etwas mit ihrem Verschwinden zu tun hat."

Schorsch blieb plötzlich stehen. „Vielleicht ist sie gar nicht verschwunden, sondern nur nicht mehr zu sehen."

„Was?" Klara und Michel verstanden nicht.

„Immerhin wäre es möglich, dass diese X-Strahlen Gegenstände nicht nur durchsichtig, sondern auch unsichtbar machen. Stellt euch nur vor, der Professor führt mit der Frau ein Experiment durch und plötzlich kann er sie nicht mehr sehen. Sie ist unsichtbar! Natürlich will er nicht, dass alle erfahren, dass sein Experiment schiefgelaufen ist, und versucht es zu verheimlichen. Herr Frank erfährt davon und will ihn erpressen. Er schreibt einen Drohbrief und kommt nur nicht mehr dazu ihn abzuschicken!"

„So ein Quatsch", widersprach Michel.

„Auf jeden Fall", fuhr Schorsch unbehelligt fort, „sollten wir endlich zur Polizei gehen, um dort von dem Drohbrief, den X-Strahlen und Frieda Krauses durchleuchteter Hand zu berichten."

„Stimmt", bekräftigte Klara. „Vor allem jetzt, wo

Albert Frank wieder auf freiem Fuß ist. Immerhin weiß niemand, wie gefährlich er ist. Was, wenn er wieder zuschlägt?"

Wenig später traten sie ins Polizeirevier hinterm Rathaus.

„Schaut euch mal all die Leute an, nach denen sie suchen", flüsterte Klara. An der Wand im Vorzimmer hing eine Reihe von Steckbriefen von Verbrechern und vermissten Personen. Für Hinweise zur Auffindung war jeweils eine Belohnung ausgesetzt. „Ob man wohl auch eine Belohnung erhält, wenn man Frieda Krause findet?", fragte sie sich. Doch das Bild der Frau war nicht dabei.

„Was wollt ihr?" kam eine Stimme vom Tresen her, der mehrere Schreibtische vom Empfangsraum abtrennte. Ein dicker Polizist, dessen Uniform sich straff über seinen Bauch spannte, musterte die Kinder streng.

„Könnten wir bitte mit Wachtmeister Müller sprechen?", fragte Michel über den Tresen hinweg.

„Der ist im Außendienst", erwiderte der Polizist.

Da fiel Michel Kriminalkommissar Becker ein, der nach der Verhaftung des Studenten dessen Zimmer durchsucht hatte.

„Ist Kriminalkommissar Becker da?", fragte er. „Es geht um Frieda Krause. Die verschwundene Frau."

Der Polizist musterte die Kinder misstrauisch.

„Wartet hier", erwiderte er und verschwand durch eine Tür auf der anderen Seite des Wachraums, neben der ein Regal voller Aktenordner stand. Schon kurz darauf kehrte er mit Kriminalkommissar Becker zurück.

„Was wisst ihr über die Nichte von Geheimrat Krause?", fragte dieser die Kinder geradeheraus. Erst danach betrachtete er sie genauer. „Kenne ich euch nicht?" Ohne eine Antwort abzuwarten, fiel es ihm wieder ein. „Ach ja, ihr seid die Söhne von Witwe Gerner." Er zog ein schwarzes Notizbuch aus der Jackentasche, blätterte darin und legte es aufgeschlagen auf die Ablage hinter den Tresen. Dann griff er nach einem Bleistift. „Um was genau geht es?"

„Wir haben Albert Franks Zimmer durchsucht", gestand Michel, „und dabei einen Drohbrief gefunden."

„So, so", der Kommissar konnte sich ein Lächeln kaum verkneifen. „Einen Drohbrief?" Er kratzte sich mit dem Bleistiftende an der Schläfe.

„Er war verschlüsselt", ergänzte Schorsch, „doch wir haben ihn entziffert. Allerdings wissen wir nicht genau, wer ihn geschrieben hat. Wir verdächtigen zwar Herrn Frank, doch er könnte durchaus auch von jemand anderem stammen. Der Professor, der die X-Strahlen erfunden hat, war es jedoch nicht. Das haben wir bereits ermittelt."

„Zeig ihm den Brief", wies Klara Michel an.

Der Junge griff in seine Hosentaschen. Plötzlich begannen seine Ohren zu glühen. Fieberhaft legte er den Inhalt auf den Tresen: mehrere bunte Glasmurmeln, ein Stück Bindfaden, ein Taschenmesser und einen kleinen, runden Spiegel. Der Drohbrief jedoch war verschwunden.

„So ein Mist", stammelte Michel. „Ich habe ihn zusammen mit Frieda Krauses Foto im Physik-Institut liegen lassen."

„Na so was", meinte der Kriminalkommissar spöttisch. „Euer geheimnisvoller Brief hat sich in Luft aufgelöst. Wisst ihr eigentlich, dass es strafbar ist, die Polizei zum Narren zu halten?"

„Aber wir halten Sie nicht zum Narren", erwiderte Klara aufgebracht. „Der Drohbrief existiert!" Gedankenlos griff sie nach Michels Taschenspiegel, der mit seinen Sachen immer noch auf dem Tresen lag.

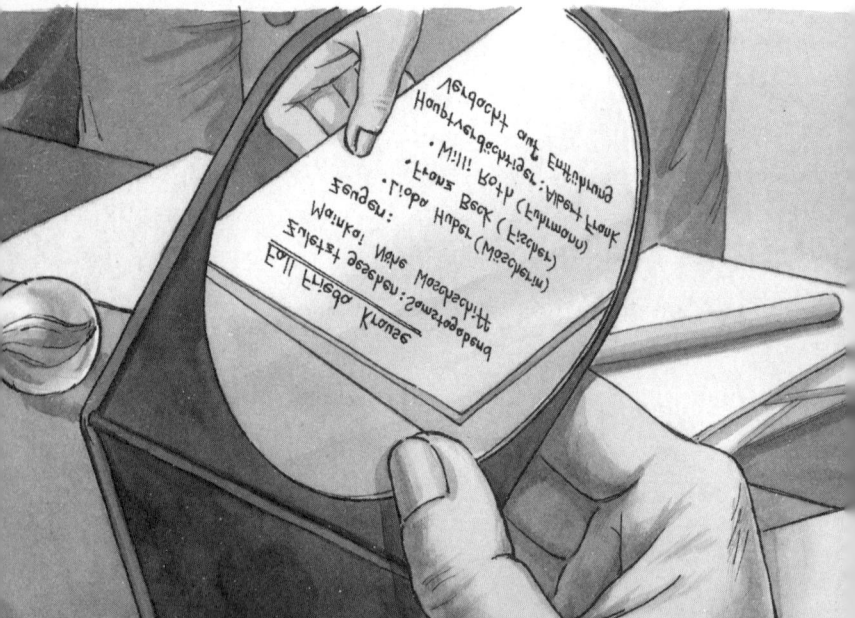

„Und da gibt es noch etwas Wichtiges, das wir Ihnen mitteilen wollen: Frieda Krause hat kürzlich das Physik-Institut der Universität besucht. Jemand hat dort eine Aufnahme von den Knochen in ihrer Hand gemacht." Eigentlich wollte sie ihm noch von dem Schmuck berichten, doch sie hielt inne. Stattdessen starrte sie neugierig auf den kleinen Spiegel.

„Wir haben hier keine Zeit für Kinderspiele", erklärte Kriminalkommissar Becker streng. „Geht nach Hause und spielt mit euren Murmeln." Er schob Michels Glasmurmeln über den Tresen. „Überlasst die Suche nach Verbrechern der Polizei. Guten Tag." Er klappte sein Notizbuch zu.

„Ich wusste gar nicht, dass du eitel bist", meinte Klara, sobald die drei aus der Wache getreten waren. Sie reichte Michel den Spiegel zurück. „Allerdings war mir bisher ebenfalls unbekannt, wie nützlich ein Spiegel sonst noch sein kann." Sie grinste. „Ich habe damit Kommissar Beckers Notizen zum Fall Frieda Krause gelesen."

? *Was stand in Kommissar Beckers Notizbuch?*

Fahnder unterwegs

„Wenn sie zuletzt am Mainkai gesehen wurde, dann ist Frieda Krause vielleicht in ein Boot gestiegen", überlegte Michel, nachdem Klara den Jungen berichtet hatte, was Kriminalkommissar Becker in sein Notizbuch geschrieben hatte.

„Oder sie ist vom Steg, der vom Ufer ins Waschschiff führt, ins Wasser gefallen", ergänzte Schorsch.

Das Mädchen nickte. „Es gäbe eine Reihe von Möglichkeiten. Wir könnten versuchen herauszufinden, was genau geschehen ist. Vielleicht gibt es ja doch eine Belohnung."

„Hast du nicht gehört, was Kriminalkommissar Becker gesagt hat? Er hätte keine Zeit für Kinderspiele, wir sollten nach Hause gehen und mit Murmeln spielen."

„Blödmann", entgegnete Klara. „Natürlich würden wir unsere Nachforschungen geheim halten. Auf jeden Fall sollten wir uns am Mainkai umsehen und die Zeugen, die Frieda Krause dort zuletzt gesehen haben, befragen."

„Und was soll das bringen? Das hat der Kriminalkommissar doch längst gemacht."

„Vielleicht hat er dabei etwas übersehen", wandte

50

das Mädchen ein. „Immerhin ist ihm der Drohbrief in Herrn Franks Zimmer auch nicht aufgefallen." Von der Ferne hörte man eine Turmuhr sechs Mal schlagen. „Du meine Güte. Ich muss sofort nach Hause." Sie begann schneller zu laufen.

Als sie wenig später vor dem Haustor ankamen, begann selbst Michel sich für Klaras Idee zu begeistern. „Wir könnten morgen früh vor der Schule zum Waschschiff gehen und uns dort umsehen", schlug er vor. „Allerdings darf unsere Mutter kein Wort davon erfahren."

„Klar", grinste Klara. „Streng geheim!" Sie zwinkerte den beiden Freunden zu und schlüpfte durch die Ladentür in die Schneiderei ihres Vaters. Die Jungs traten durchs Hoftor ins Haus.

Heute roch es im dritten Stock nach Bratwürsten. Tatsächlich stand die Mutter am Herd, vor einer Pfanne, in der Würste brutzelten.

„Schorsch", wies sie gleich ihren jüngeren Sohn an. „Deck doch mal bitte den Tisch. Und du", wandte sie sich an Michel, „gehe bitte in den Keller Kohlen holen."

Der Junge verzog sein Gesicht, doch er wusste, dass es keinen Sinn hatte, der Mutter zu widersprechen. Seufzend packte er den leeren Kohleeimer, nahm den Kellerschlüssel vom Haken neben der Küchentür und verließ die Wohnung. Erst als er bereits vor der Kellertür stand, bemerkte er, dass er die Lampe vergessen hatte. Da er keine Lust hatte, nochmals in den dritten Stock hochzusteigen, würde er ohne Licht in den Keller müssen. Wenn man die Tür weit genug offen ließ, würde gerade genug Tageslicht in den Keller scheinen, um die Lattenwände der ersten Abteile zu erhellen. Nur der hintere Teil des Kellers blieb stockdunkel. Wenigstens lag das Abteil der Gerners gleich am Eingang. Michel sperrte das Vorhängeschloss auf und öffnete die Lattentür, als dicht vor ihm ein Schatten über den Boden huschte. Es war eine Ratte, die unter dem Regal, in dem die Mutter Einmachgläser mit Obst und Marmelade aufbewahrte, verschwand. Eilig begann er, Kohle von dem Haufen in der Ecke in den Eimer zu schaufeln. Er wollte so schnell wie möglich wieder nach oben. Kaum war der Eimer voll, hörte er jedoch schon wieder ein Geräusch. Dieses Mal kam es von der Kellertreppe. Dort stand ein dunkelhaariger Mann.

„Bist das du, Michel?" Er hatte Herrn Franks Stimme gleich erkannt. Michels Herz begann wie rasend zu klopfen. Immerhin stand der Student unter Verdacht, eine Frau entführt zu haben, und war sicher gefährlich. Hier im Keller wäre er ihm ausgeliefert. Selbst wenn er laut schrie, würde ihn oben niemand hören. Er umfasste die Kohleschaufel fester, während Herr Frank langsam die Stufen herabkam.

„Kann ich dir helfen?", fragte dieser jedoch nur, als er unten angekommen war. Ohne eine Antwort abzuwarten, griff er nach dem Henkel der Kohleschütte und begann schon wieder, mit dem vollen Kohleeimer die Kellerstufen nach oben zu steigen. Michel sperrte erleichtert die Kellertür hinter sich zu und folgte dem Mann zur Wohnung hoch.

„Guten Abend, Herr Frank", begrüßte die Mutter den Studenten einen Augenblick später, als er kurz vor Michel mit der Kohleschütte in die Küche trat. „Da bin ich aber froh, dass man Sie wieder entlassen hat. Ich war ohnehin von Anfang an überzeugt, dass es sich um eine Verwechslung handelte." Ohne auch nur mit einer Miene anzuzeigen, dass sie vom Onkel wusste, dass man den jungen Mann weiterhin verdächtigte und ihn bereits am Morgen entlassen hatte, lächelte sie ihn an. „Sie haben sicher Hunger?" Mit einer Gabel drehte sie die Würstchen in der Pfanne um.

„Und wie, Frau Gerner", erwiderte Herr Frank. „Ich bin von der Wache gleich zur Universität und habe den ganzen Tag nichts gegessen." Er rieb sich über die dunklen Bartstoppeln. „Ich hatte noch nicht einmal Gelegenheit, mich zu rasieren."

„Das hat Zeit bis später. Jetzt setzen Sie sich erst einmal", wies ihn die Mutter an. „Das Essen ist gleich fertig." Und sie begann, Würstchen und Sauerkraut auf die Teller zu laden.

Während des Abendessens unterhielten sie sich über langweilige Themen wie Wetter und Schule. Frieda Krause oder die Verhaftung wurde mit keinem Wort erwähnt. Gleich danach zog sich Herr Frank in sein Zimmer zurück. Michel und Schorsch halfen beim Abwasch.

„Ich habe Frau Wenzel versprochen, noch kurz vorbeizuschauen", verkündete die Mutter, nachdem der letzte Teller gewaschen, abgetrocknet und ordentlich gestapelt wieder im Küchenschrank lag. Frau Wenzel lebte in einer Wohnung im Haus gegenüber und Mutter leistete ihr manchmal Gesellschaft. „Ich bin in einer Stunde zurück. Macht eure Hausaufgaben und geht spätestens um neun ins Bett."

Auch wenn sie dazu keine Lust hatten, setzten sich die Jungs an den Küchentisch. Schorsch zog stöhnend sein Rechenbuch aus dem Ranzen. Zu mehr kam er nicht, denn Herr Frank trat in die Küche.

„Ich gehe noch mal kurz aus", informierte er sie. Und schon einen Augenblick später hörte man, wie die Wohnungstür hinter ihm ins Schloss fiel.

„So ein Mist", flüsterte Schorsch. „Mama ist bei Frau Wenzel. Was sollen wir tun?"

„Wenn *sie* nicht da ist, um ihn zu beschatten, müssen *wir* es tun", stellte Michel trocken fest. Er zog bereits seine Schuhe an. „Immerhin könnte es sein, dass er uns zum Versteck der verschwundenen Frau führt."

Schon einen Augenblick später schlüpften sie aus der Wohnung. Unten im Treppenhaus konnte man die Schritte des Studenten hören. Gleich anschließend schlug die Haustür zu.

„Beeil dich!", forderte Michel den jüngeren Bruder auf und raste, immer drei Stufen auf einmal nehmend, die Treppe hinab. „Wir dürfen ihn auf keinen Fall verlieren."

Es war bereits dunkel, als sie auf die Gasse traten. Im gelben Licht der Gaslaternen sahen sie gerade

noch, wie Herr Frank von der Bärengasse in die Gerberstraße einbog und in südliche Richtung weitereilte. Überzeugt, dass er zu Frieda Krause wollte, hefteten sich ihm die Jungen dicht an die Fersen. Doch schon nach fünf Minuten blieb der Student vor einer Weinstube stehen.

„Er will nur ein Glas Wein trinken", flüsterte Schorsch enttäuscht. Auch Onkel Fritz besuchte gelegentlich das Weinhaus „Zum Stachel". Aus der Tür drang Stimmengemurmel, als Albert Frank in den Schankraum trat.

„Wir müssen in die Gaststube, um zu sehen, was er dort tut", stellte Michel fest. „Immerhin könnte es sein, dass er einen Komplizen trifft."

„Mit wem er sich dort verabredet hat, können wir von hier aus sehen." Schorsch deutete auf das hell erleuchtete Fenster rechts neben dem Eingang. „Allerdings sollten wir trotzdem hinterher, um herauszufinden, was die beiden bei einem Glas Wein zu besprechen haben." Doch sie kamen nicht dazu. Eine schwere Hand hatte sich auf Schorschs Schulter gelegt.

„Und was habt ihr hier verloren? Ist es nicht längst Bettzeit?"

„Onkel Fritz?" Die Jungen blickten ihren Onkel verdutzt an.

„Hat euch Kriminalkommissar Becker nicht bereits gesagt, dass ihr die Verbrecherjagd der Polizei überlassen sollt?", fuhr der Polizist fort.

„Aber Herr Frank ist im ‚Stachel' ...", begann Schorsch. Doch der Onkel ließ ihn nicht ausreden.

„Schweig", befahl er, packte die Neffen an den Armen und brachte sie nach Hause.

? *Mit wem hat sich der Student getroffen?*

Zeugenbefragung

„Onkel Fritz hat ausdrücklich verboten, dass wir uns weiter in den Fall einmischen", erklärte Schorsch der Freundin, als sich die drei am nächsten Morgen, früher als gewöhnlich, vor dem Haustor trafen.

„Na und?", grinste Klara, sie hatte bereits ihren Schulranzen geschultert. In der Hand hielt sie ein halbgegessenes Brötchen. „Mir hat er nichts verboten. Ich jedenfalls werde jetzt zum Mainkai gehen, um die Zeugin Lioba Huber zu befragen. Dass ihr mich begleitet, wird euer Onkel nie erfahren. Los kommt, oder wollt ihr nicht herausfinden, was mit der Frau geschehen ist?"

Die beiden Brüder blickten sich wortlos an. Dann folgten sie Klara, die bereits die kurze Strecke Richtung Main eingeschlagen hatte. Schon Minuten später standen die drei neben dem alten Kran am Kai. Früher hatte man damit schwere Lasten von den Schiffen gehoben, doch schon seit mehreren Jahren wurde er nicht mehr dazu benutzt. Stattdessen schleppten Arbeiter gleich daneben Brennholz aus einem flachen Flussschiff und luden es auf ein Pferdefuhrwerk, das am Mainkai stand. Dem Pferd hatte man einen Sack um den Kopf gebunden, aus dem es gemächlich Hafer fraß. Unterhalb der von einer senkrechten Mauer eingefassten Uferstraße lagen zahlreiche weitere Schiffe vor Anker. Da gab es die einfachen flachen Holzboote, die von den ortsansässigen Fischern und Händlern benutzt wurden, aber auch größere Segelschiffe, Schleppkähne und Dampfschiffe. Die Waschschiffe hatte man ein Stück weiter den Fluss entlang, Richtung alte Mainbrücke, angetaut. Obwohl es noch früh am Tag war, ging es dort bereits geschäftig zu. Hausfrauen und Wäscherinnen

waren eingetroffen, um ihre schmutzige Wäsche im Fluss zu waschen.

Auch Frau Gerner kam regelmäßig hierher, um die Bettwäsche und Kleidung der Familie zu waschen. Vergangenen Sommer war ihr dabei eines der Hemden versehentlich ins Wasser gefallen und flussabwärts getrieben, bevor ein Fischer das Kleidungsstück mit seinem Netz wieder einfing. Als die drei Freunde sich den Waschschiffen näherten, fiel Schorsch die lustige Geschichte wieder ein und er erzählte Klara davon.

„Meine Mutter hat ihre Bürste verloren", lachte das Mädchen. „Die ist inzwischen wohl längst in der Nordsee."

Doch Michel hatte keine Zeit für Anekdoten.

„Und wie sollen wir hier diese Lioba Huber finden?", fragte er ungeduldig. Auf den Schiffen waren unzählige Frauen dabei, Wäschestücke auf den seitlich angebrachten Brettern einzuseifen, mit Wurzelbürsten zu schrubben und anschließend im Flusswasser auszuspülen. Und am Mainkai südlich der Brücke gab es noch mehr Waschschiffe.

„Mach dir da keine Sorgen", erwiderte Klara lässig. „Ich kenne Frau Huber. Außer sonntags ist sie jeden Tag hier. Sie wäscht Wäsche für vornehme Leute und hat einen Stammplatz. Meine Mutter wäscht ihre Wäsche oft auf dem gleichen Schiff." Zielstrebig eilte sie auf das erste Waschschiff nach dem Kran zu und schritt leichtfüßig über den Steg.

„Guten Morgen, Frau Huber", sprach sie eine rundliche Frau an, die eine gestreifte Schürze trug.

Frau Huber blickte kurz von der Arbeit auf. „Guten Morgen", lächelte sie. „Hast du heute keine Schule?" Danach fuhr sie fort, eine nasse Wolldecke zuerst mit Schmierseife einzuseifen und anschließend mit einer Wurzelbürste zu schrubben.

„Frau Huber, wir müssen als Hausaufgabe einen Bericht schreiben", schwindelte Klara. „Über Ereignisse, die kürzlich in unserer Stadt passiert sind. Da fiel uns die verschwundene Frau ein."

„Die Nichte von Geheimrat Krause?", erstaunt blickte sie auf. „Das arme Mädchen ist immer noch spurlos verschwunden. Ich hoffe nur, dass ihr nichts Schlimmes passiert ist." Sie tauchte die Decke ins Flusswasser und begann sie kräftig auszuspülen.

„Erinnern Sie sich noch, was Samstagabend genau geschehen ist?", hakte Klara nach.

„Natürlich", erwiderte Frau Huber. „Ich bin immer die Erste und die Letzte hier. Und am Samstag war ich sogar noch später als gewöhnlich dran. Die anderen

Wäscherinnen waren längst nach Hause gegangen. Auch die Arbeiter am Kai hatten bereits Feierabend gemacht. Nur Fischer Beck und der Fuhrmann Roth waren noch da."

„Haben Sie Frieda Krause gesehen?"

„Ja. Es war kurz nach sieben. Sie spazierte Arm in Arm mit einem jungen Mann vorbei. Ich habe sie gleich erkannt. Da ich für die Krauses Wäsche wasche, kenne ich die Nichte des Geheimrats vom Sehen." Sie wrang die Decke und tauchte sie abermals neben dem Waschschiff ins Flusswasser.

„Und was geschah dann?"

„Ich räumte meine Sachen auf. Wollte auch endlich nach Hause. Und als ich dann wieder aufblickte, war Fräulein Krause nicht mehr da. Den Mann sah ich alleine Richtung Kärrnergasse weitergehen."

„Wissen Sie, wer es war?"

„Nein, keine Ahnung. Ich hatte ihn noch nie zuvor gesehen. Allerdings trug er eine Studentenkappe. Als ich dann zwei Tage später in der Zeitung las, dass Fräulein Krause vermisst wird, ging ich sofort zur Polizei." Sie wrang die Decke abermals mit den Händen und legte sie in einen Wäschekorb, der neben ihr auf dem Boden des Boots stand. „Dass man von Schülern erwartet, über ein so heikles Thema einen

Aufsatz zu schreiben, verstehe ich allerdings nicht."
Kopfschüttelnd griff sie nach einem neuen Wäsche-
stück. „Das gab es zu meiner Schulzeit nicht."

„Ist Fischer Beck heute auch hier?", mischte sich
Michel ein, der die Unterhaltung vom Ufer aus stumm
verfolgt hatte.

„Vermutlich. Fischer Beck ankert oft hier auf der
Stadtseite, da er mehrere Wirtshäuser mit Mainfischen
versorgt." Frau Huber blickte den Kai entlang. „Ihr
habt Glück." Sie deutete auf einen Mann mit einer
Schildkappe auf dem Kopf, der gerade einen Trog
voller winziger silberner Mainfische von seinem Boot
auf den Kai hochhob.

Klara bedankte sich höflich bei Frau Huber und
kletterte über den Steg zurück auf den Kai.

Nur wenig später umringten die drei Freunde den

Fischer. Auch Franz Beck schien ihnen die Geschichte mit den Hausaufgaben zu glauben und gab freimütig Auskunft.

„Ich wohne in der Zellerau", erklärte er, „und wollte gerade zurück zur anderen Flussseite rudern, als ich Albert Frank und seine junge Begleiterin bemerkte. Sie spazierten am Kai entlang. Als der blonde Student mich sah, hielt er kurz an, um sich mit mir zu unterhalten."

„Kennen Sie ihn denn?"

„Nicht so richtig. Doch er spaziert hier öfters vorbei und wir wechseln hin und wieder mal ein paar Worte."

„Und was geschah danach?"

„Na, da schlenderte er mit der jungen Frau Richtung alte Mainbrücke weiter. Ich hatte ja keine Ahnung, dass er vorhatte, sie zu entführen. Wenn ich das gewusst hätte, wäre ich gleich zur Polizei." Er stellte einen weiteren Trog mit Mainfischen auf das Pflaster.

Als Nächstes suchten sie Willi Roth, den Fuhrmann. Sie hatten abermals Glück. Auch er war heute am Mainkai. Er rollte gerade ein Fass über das Pflaster auf eine Karre zu.

„Seht ihr nicht, dass ich beschäftigt bin", brummte

er gereizt, als ihn die Kinder fragten, ob ihm Samstagabend am Kai etwas aufgefallen sei. Schwer schnaufend hob er das Fass an und ließ es auf den Karren
plumpsen. „Ich habe immer viel zu tun. Auch sams-
tagabends."

„Und Sie haben wirklich niemanden gesehen?",
beharrte Michel.

Der Mann zuckte mit den Schultern. „Ich weiß ja
nicht einmal, wie dieser Albert Frank aussieht. Selbst
wenn ich es wüsste, hätte ich ihn in dem Trubel am
Kai gar nicht sehen können." Er begann, den Karren
Richtung Holztor zu schieben, und war einen Augenblick später verschwunden.

„Unsere Ermittlungen haben uns keinen Schritt

weitergebracht", beschwerte sich Schorsch, als er mit den beiden anderen vom Mainkai zur Schule aufbrach.

Klara warf einen letzten nachdenklichen Blick auf die Uferstraße, danach auf den Fluss, wo gerade ein flacher Lastkahn langsam flussaufwärts tuckerte. Am Bug stand ein Hund. In der anderen Richtung trieb ein Flößer zusammengekettete Baumstämme auf die Luitpoldbrücke zu. „Irgendetwas stimmt da nicht", meinte sie schließlich. „Die Aussagen stimmen nicht überein."

„Das habe ich auch bemerkt", meinte Michel.

Nur Schorsch wusste nicht, von was die beiden Älteren sprachen.

? *Was ist Michel und Klara aufgefallen?*

Belauschte Gespräche

„Frau Huber ist die einzige Zeugin, der ich glaube." Klara zwirbelte das Ende eines ihrer Zöpfe nachdenklich zwischen den Fingern. Die drei Freunde hatten sich am Nachmittag auf der Gasse verabredet, um zu besprechen, was sie am Mainkai herausgefunden hatten und wie sie den Fall Frieda Krause lösen könnten.

„Hat doch alles keinen Sinn." Michel kramte nur trübsinnig in seiner Hosentasche. „Am besten, wir befolgen Kriminalkommissar Beckers Rat." Er hielt Klara und Schorsch seine ausgestreckte Hand hin, auf der mehrere bunte Glaskugeln lagen.

Doch das Mädchen ignorierte die Murmeln. „Auf keinen Fall. Bei euch wohnt ein Student zur Untermiete. Möglicherweise handelt es sich um einen gefährlichen Verbrecher. Bevor wir den Fall nicht geklärt haben, kann selbst ich nachts nicht mehr ruhig schlafen. Wir müssen weiter nach der verschwundenen Frau suchen." Plötzlich hielt sie inne und deutete die Straße entlang. „Guckt mal, wer da kommt." Am anderen Ende der Gasse war ein großer Mann mit dunklem Bart um die Ecke spaziert. Er unterhielt sich mit einer Frau, die sich bei ihm eingehakt hatte.

„Professor Röntgen und seine Gattin", wisperte Klara und zog die beiden Freunde hinter ein Fuhrwerk, das jemand am Straßenrand abgestellt hatte. „Von hier aus können wir beobachten, ohne gesehen zu werden."

„Da gibt es nicht viel zu beobachten", erwiderte Michel. „Vermutlich will der Professor nur seinen neuen Jagdanzug bei deinem Vater abholen." Doch die beiden Jungen duckten sich trotzdem neben das Mädchen zwischen Hauswand und Wagenräder.

Das Ehepaar Röntgen lief, wie Michel vermutet hatte, zielstrebig auf die Ladentür der Schneiderei Hoffmann zu, als Albert Frank unerwartet aus dem Haustor gleich daneben trat.

Erfreut verbeugte sich der Student vor Frau Röntgen und schüttelte die Hand des Professors. Die beiden Männer begannen sich zu unterhalten. Wie dumm, dass gerade in diesem Augenblick der Lehrling von Schreinermeister Haaf mit einem Karren voller Holzplatten vorbeizog. Man konnte nur noch das Rattern der Räder auf dem Kopfsteinpflaster wahrnehmen.

„Machen Sie sich nur keine Sorgen", hörten sie den Professor sagen, als der Karren endlich vorüber war. „Ich bin dabei, alles zu regeln. Morgen weiß ich sicher mehr."

Danach verabschiedete sich Herr Frank schon wieder und eilte Richtung Universität. Das Ehepaar Röntgen trat durch die Glastür in die Schneiderei.

„Was er damit wohl gemeint hat?", wunderte sich Michel, sobald die Ladentür hinter dem Paar zugefallen war.

„Vielleicht haben sie die Frau doch bei einem Versuch im Institut mit diesen X-Strahlen unsichtbar gemacht", überlegte Schorsch. „Und der Professor arbeitet derzeit an einem neuen Experiment, mit dem er sie wieder sichtbar machen will."

„Das ergibt alles keinen Sinn", entgegnete Klara. Sie wollte gerade ihr Versteck hinter dem Wagen verlassen, als Michel sie am Arm zurückhielt.

„Onkel Fritz", flüsterte er. „Der will sicher zu Mama. Vielleicht hat er neue Informationen zum Fall Frieda Krause."

Tatsächlich blieb der Polizist kurz vor dem Haus stehen, blickte die Fassade hoch und schritt durchs Tor. Die Kinder hinter dem Fuhrwerk hatte er nicht bemerkt.

„Los, kommt. Wir gehen hinterher und lauschen heimlich." Michel eilte bereits zum Tor.

Kurz darauf schloss er lautlos die Wohnungstür auf. Die Küchentür stand nur angelehnt und die drei konnten vom Flur aus deutlich die Stimme von Onkel Fritz hören.

„Die Lösegeldforderung kam heute früh mit der Post an", erklärte er gerade. Es klirrte leise, als ob jemand mit einem Löffel eine Tasse umrührte. „Lecker. Genau das brauche ich." Wieder klirrte es. Er hatte wohl einen Schluck getrunken und die Tasse wieder auf dem Unterteller abgestellt.

„Hast du die Schrift mit der Handschrift von Herrn Frank verglichen?", fragte die Mutter.

„Das wäre zwecklos. Der Entführer hat alle Buchstaben aus der Zeitung ausgeschnitten und damit die Worte zusammengesetzt."

„Was fordert er?"

„Wenn Geheimrat Krause seine Nichte lebend wiedersehen will, muss er 100.000 Mark bezahlen."

Die Mutter atmete scharf aus, so geräuschvoll, dass man es sogar im Flur hören konnte. „Das ist eine Menge Geld."

„In der Tat", stimmte der Onkel zu. „Geheimrat Krause soll es morgen Mittag Punkt zwölf Uhr in einer Arzttasche neben dem Brunnen am Fischmarkt abstellen. Seine Nichte wird erst dann freigelassen, wenn die Übergabe stattgefunden hat."

„Und wie könnt ihr garantieren, dass der Entführer die junge Frau auch tatsächlich freilässt?"

„Wir werden die Aktion heimlich überwachen", erklärte der Onkel, „und ihn vom Markt aus verfolgen. Dabei gelingt es uns hoffentlich, nicht nur Frieda Krause zu finden, sondern auch den Entführer zu stellen und das Lösegeld wieder an uns zu nehmen."

Der Onkel hielt einen Augenblick inne. „Ottilie", bat er seine Schwester, „ich weiß, seitdem ich die Jungen vor dem ‚Stachel' auf Verbrecherjagd erwischt habe, willst du nichts mehr mit der Sache zu tun haben, doch wir hätten eine letzte Bitte an dich." Frau Gerner schwieg. „Für den Fall, dass uns Albert Frank entwischt und mit einer verdächtigen Tasche hier in der Wohnung auftaucht, könntest du uns bitte sofort alarmieren?"

„Na gut", meinte die Mutter schließlich. „Aber danach ist wirklich Schluss. Ich bin es leid, mit einem Verbrecher unter einem Dach zu leben."

„Ich weiß. Doch morgen schnappen wir ihn uns. Dann ist alles vorbei." Man hörte, wie ein Stuhl auf den Holzdielen auf die Seite geschoben wurde. „Ich mache mich jetzt wohl besser auf den Weg. Wir müssen den Einsatz am Fischmarkt vorbereiten." Die Schritte des Onkels kamen auf die Tür zu. „Vielen Dank auch für den Kaffee."

Als der Onkel in den Flur trat, tat Michel so, als hätte er die Wohnungstür gerade erst aufgesperrt.

„Onkel Fritz!", meinte er erstaunt. „Guten Tag."

„Tag", begrüßte der Polizist die Kinder. Dann eilte er an ihnen vorbei die Treppe hinab.

Viel später, nach dem Abendessen, ging Herr Frank überraschend aus, obwohl er zuvor angekündigt hatte, dass er den ganzen Abend studieren wollte. Schorsch und Michel wollten sofort hinterher, doch die Mutter hielt sie auf.

„Ihr bleibt hier", befahl sie den Söhnen. „Geht in die Küche und macht eure Hausaufgaben."

„Aber ...", wagte Schorsch der Mutter zu widersprechen. „Der Brief. Vielleicht hat der etwas mit der Entführung zu tun."

Während des Essens war ein zusammengefaltetes Blatt für Herrn Frank durch den Briefschlitz geliefert worden. Der Student hatte es nur kurz überflogen und danach in Stücke zerrissen. Die Schnipsel hatte er in die Kohleschütte geworfen.

„Die Polizei hat alles im Griff", erwiderte die Mutter. „Oder habt ihr schon vergessen, was Onkel Fritz gesagt hat? Ihr sollt euch nicht in die Angelegenheiten der Polizei einmischen. Es ist zu gefährlich." Sie holte ihren Nähkorb und setzte sich neben ihre Söhne an den Küchentisch.

Zwar schlug Schorsch sein Rechenheft auf, doch sein Blick wanderte immer wieder zur Kohleschütte neben dem Herd. Er wollte unbedingt herausfinden, was auf dem Zettel stand und wieso der Student so unerwartet aufgebrochen war. Mit der Mutter am Küchentisch würde sich dazu jedoch keine Gelegenheit bieten. Gewiss würde sie den ganzen Abend hier hocken und nähen. Gerade fädelte sie eine Nadel ein. Nach einer Weile legte sie ihre Näharbeit trotzdem auf den Tisch und stand auf.

„Entschuldigt bitte, ich muss kurz zur Toilette", erklärte sie. „Aber kommt ja nicht auf den Gedanken, euch von der Stelle zu rühren." Sie ging ins Treppenhaus zum Gemeinschaftsklo, das sie mit den Nachbarn teilten.

Sobald Frau Gerner aus der Küche war, stürzte Schorsch sich auf die Schnipsel und stopfte sie in seine Hosentasche. Als die Mutter zurück in die Küche kam, saß er bereits wieder ordentlich am Tisch und schrieb eifrig Zahlen in sein Rechenheft, auch wenn er sich keineswegs darauf konzentrieren konnte. Viel lieber hätte er gleich die Schnipsel genauer untersucht. Doch dazu musste er sich bis später gedulden, wenn er und Michel zu Bett gingen und allein in ihrem Schlafzimmer waren.

Was steht auf dem Zettel?

Aktion Fischmarkt

„Ob die Nachricht von Professor Röntgen stammt?", wisperte Schorsch aufgeregt. Die beiden Jungen hatten die Papierschnipsel ordentlich auf Michels Bettdecke zusammengefügt und musterten sie im Licht eines flackernden Kerzenstummels. Die Petroleumlampe hatten sie ausgelöscht. Sie war zu hell und Mutter hätte den Lichtschimmer unter der Tür bemerkt.

„Höchst unwahrscheinlich", erwiderte Michel. „Der Professor wohnt im Institut am Pleicher Ring. Wieso würde er Herrn Frank da in die Kärrnergasse bestellen? Dort wohnen hauptsächlich Fuhrleute und Karrenschieber."

„Der Fuhrmann vom Mainkai, der uns angelogen hat, wohnt sicher auch dort", überlegte Schorsch. „Vielleicht hat er die Nachricht geschrieben. Wir sollten morgen früh gleich zur Polizei gehen, damit sie den Mann überprüfen."

„Wozu?", wandte sein Bruder ein. „Die glauben uns sowieso kein Wort. Stattdessen sollten wir gleich zum Fischmarkt gehen. Dort wird sich klären, wer dahintersteckt. Und ich will mir das auf keinen Fall entgehen lassen."

„Aber wir haben Schule."

„Na und?" Michel hatte sich bereits entschlossen zu schwänzen.

Im Flur konnte man die Schritte der Mutter hören. Sie blieb vor der Tür der Jungen kurz stehen.

„Psst!" Schorsch schob die Papierschnipsel hastig unter die Bettdecke und blies die Kerze aus. Die beiden Brüder hielten den Atem an. Doch die Mutter ging schon einen Augenblick später in ihr Schlafzimmer.

„Wir warten einfach so lange am Fischerbrunnen, bis der Entführer dort um zwölf Uhr das Lösegeld abholt, und verfolgen ihn", plante Michel bereits den nächsten Tag. Er zog seine Bettdecke bis zum Hals und kuschelte sich ins Kissen. „Das ist kinderleicht. Wir dürfen uns nur nicht von Onkel Fritz oder Kriminalkommissar Becker dabei erwischen lassen."

Doch Schorsch antwortete nicht mehr. Er war bereits eingeschlafen.

Am nächsten Tag regnete es in Strömen. Herr Frank war die ganze Nacht nicht nach Hause gekommen. Frau Gerner vermutete, dass er bei Freunden übernachtet hatte. Die Jungen dagegen waren überzeugt, dass sich der Student in der Kärrnergasse mit dem

Fuhrmann oder einem anderen Komplizen getroffen hatte. Gewiss hatten sie dort geplant, was nach der Geldübergabe geschehen soll. Auf dem Zettel stand ja deutlich: „Es gibt viel zu besprechen." Doch die Brüder trauten sich nicht, ihrer Mutter zu beichten, dass Schorsch die Schnipsel heimlich aus der Kohleschütte geholt hatte. Egal, in nur wenigen Stunden würde sich sowieso alles klären. Sie packten ihre Schulranzen und stürmten die Treppen hinab.

Klara stand bereits ungeduldig am untersten Treppenabsatz. Gewöhnlich wartete sie vor dem Laden auf die Jungen, doch heute hatte sie das trockene Treppenhaus vorgezogen.

„Was haltet ihr davon, Schule zu schwänzen?",
fragte sie, bevor die Jungen dazu kamen, ihr von den
Papierschnipseln und den eigenen Plänen zu berichten. „Die ‚Aktion Fischmarkt' dürfen wir uns auf keinen Fall entgehen lassen."

„Wir sind zum gleichen Ergebnis gekommen",
grinste Michel. Dann blickte er auf die Straße hinaus, wo der Regen immer noch aufs Pflaster pras-
selte. Er hatte keine Lust, die nächsten Stunden
pitschnass im Freien zu warten. Doch Klara hatte
auch dafür eine Lösung. Da sich ihre Eltern tagsüber
im Laden aufhielten, stand die Wohnung der Hoffmanns leer. Dort waren sie bis zur Mittagszeit un-
gestört und trocken.

Als sie dann kurz vor zwölf Uhr die Karmelitenstraße in südlicher Richtung entlangeilten, nieselte es
zwar immer noch, doch der starke Niederschlag vom
Morgen hatte aufgehört.

Schorsch rümpfte die Nase, noch bevor sie am Platz
ankamen.

„Das ist ja ekelhaft!", beschwerte er sich. „Es stinkt
nach Fisch."

„Hast du etwa erwartet, dass es hier nach Rosen
duftet?" Michel hielt an, um sich auf dem Markt um-
zusehen.

Trotz des schlechten Wetters herrschte großer Trubel. Es wimmelte nur so von Hausfrauen, Dienstmädchen und Köchinnen, die die Fische an den Ständen kritisch begutachteten. Da schwammen Frischwasserfische wie Hechte, Zander, Forellen und Karpfen in Holzbottichen herum, ahnungslos, dass ihnen ein Schicksal im Kochtopf bevorstand. Auf Verkaufstischen daneben wurden geräucherte Aale und andere Fischspezialitäten angeboten. Die Händler hatten alle Hände voll zu tun, Fische für ihre Kunden küchenfertig zuzubereiten. Wer hungrig war, konnte sich mit einer Portion gebackener Mainfische stärken, die eine Marktfrau an ihrem Stand anbot. Doch die Kinder waren nicht an Fischen interessiert,

sondern drängten durch das Getümmel auf den Brunnen zu.

Der Fischerbrunnen, an dem die Übergabe stattfinden sollte, ragte inmitten der Marktstände empor. Auf einem Podest standen dort zwei pausbäckige Jungen aus Stein. Einer hielt ein Fischnetz und eine Angel, der andere einen zappelnden Steinfisch in der Hand. Unterhalb der Statue spuckten zwei Löwenköpfe Wasser in ein Becken.

Klara blieb ein Stück vom Brunnen entfernt neben einer Marktfrau, die alle anderen Händler übertönte, stehen.

„Frische Fische! Frische Fische!", pries sie lautstark ihre Ware an.

„Wir dürfen nicht zu nahe ran", erklärte das Mädchen leise, während sie so tat, als würde sie die schillernden Forellen, die in einem Kübel vor der Marktfrau zappelten, begutachten. Gleichzeitig ließ sie ihren Blick jedoch unauffällig über den Markt schweifen.

„Von der Ecke neben dem Schuhladen können wir alles überblicken, ohne gesehen zu werden." Eilig schritt sie auf die Gasse zu, die neben der Schuhhandlung vom Platz wegführte. Als Michel dicht hinter ihr dort ankam, deutete er aufgeregt Richtung Markt. Er hatte einen alten Bekannten entdeckt.

„Dort steht Kriminalkommissar Becker", klärte er die anderen auf.

„Wo?" Schorsch blickte sich neugierig um.

„Nicht so auffällig", wies Klara den Jungen zurecht. „Oder willst du, dass er dich erwischt?"

Obwohl er sich wie ein Fischhändler eine Schürze umgebunden und eine Mütze auf den Kopf gesetzt hatte, war der Polizist leicht zu erkennen. Gerade nickte er diskret einem rundlichen Mann zu, der dicht an ihm vorüberging.

„Das ist bestimmt Geheimrat Krause", meinte Klara.

Der Mann war elegant gekleidet, auch wenn Jacke und Weste über dem Bauch spannten. Sein Gesicht unter dem Hut war vor Anspannung rot angelaufen,

sein Schnurrbart schien zu zittern. In der Hand hielt er eine große Ledertasche. Klara hatte recht. Es war Geheimrat Krause, denn er schritt zielstrebig auf den Brunnen zu. Dort angekommen, rieb er sich mit der freien Hand den Schweiß von der Stirn und stellte die Tasche unterhalb des Wasserbeckens ab. Er blickte sich nervös um, bevor er, ohne Tasche, Richtung Domstraße davoneilte.

„Herr Frank wird jetzt sicher jeden Augenblick auftauchen, um das Lösegeld abzuholen", bemerkte Klara. „Wir dürfen die Tasche auf keinen Fall aus den Augen verlieren." Suchend blickte sie über den Marktplatz. Auch die Jungen hielten im Trubel nach dem Studenten Ausschau.

„Interessant." Michel hatte etwas anderes entdeckt. „Dort ist das Mädchen aus dem Institut."

„Was? Josephina Röntgen?" Jetzt sahen auch Klara und Schorsch die Nichte des Professors. Sie stand gelangweilt neben Frau Röntgen, die gerade ein in Papier gewickeltes Päckchen in ihren Henkelkorb legte. Der Professor war nirgendwo zu sehen.

„Wieso ist sie nicht in der Schule?"

„Na, schwänzen tut sie bestimmt nicht. Vermutlich wird sie von Privatlehrern zu Hause unterrichtet", meinte Klara. „Sie ist sicher nur mit ihrer Tante einkaufen gegangen."

„Oder", ergänzte Michel, „die beiden sind hierher zum Fischmarkt gekommen, um das Lösegeld abzuholen."

„Unsinn." Klara schüttelte den Kopf. „Statt hier zu spekulieren, sollten wir besser auf den Brunnen achten, damit uns der Entführer nicht entwischt." Sie wandte den Blick von Josephina ab, zum Brunnen hin. Dort stand ein Junge, der sich gerade den Wasserstrahl in die gewölbten Hände laufen ließ, um daraus zu trinken. Ihr Atem stockte. Die Stelle unter dem Wasserbecken war leer, die Geldtasche verschwunden.

„So ein Mist", fluchte sie. „Jetzt haben wir unsere Chance, Frieda Krause zu finden, vermasselt. Oder könnt ihr die Geldtasche irgendwo sehen?"

Wo ist die Geldtasche?

Missglückte Verfolgungsjagd

Mit der Tasche in der Hand schritt der blonde Unbekannte eilig die Karmelitenstraße entlang und bog links Richtung Rathaus ab. Dort eilte er auf eine der Droschken zu, die neben dem Vierröhrenbrunnen auf Fahrgäste warteten, hob die Ledertasche mit dem Geld auf den Sitz hinter dem Kutscher und stieg ein. Schon im nächsten Augenblick fuhr das Fahrzeug die breite Straße hinab auf den Dom zu.

Die Kinder blieben atemlos stehen. Zu Fuß hatten sie keine Chance, den Mann weiterzuverfolgen. Nur Schorsch rannte trotzdem hinterher.

„Pass auf!", schrie Klara. Erst jetzt bemerkte sie die Pferdebahn, die aus der Augustinerstraße in die Domstraße eingebogen war. Doch es war bereits zu spät. Schorsch war direkt vor die Bahn gelaufen. Pferde bäumten sich wiehernd auf, Fahrgäste schrien und der Kutscher fluchte laut. Zwar war es ihm gelungen, die Pferdebahn im letzten Augenblick anzuhalten, doch der Junge war gestolpert und lag jetzt quer über den Schienen, genau vor den Pferden, die immer noch unruhig schnaubten.

Klara stürzte auf ihn zu und wollte ihm aufhelfen, doch er schrie vor Schmerz laut auf.

Plötzlich tauchte Onkel Fritz neben den Kindern auf. Statt seiner Uniform war auch er wie ein Fischhändler verkleidet. Fast sah er lächerlich aus, doch die Situation war nicht zum Lachen.

„Das passiert, wenn man sich in die Angelegenheiten der Polizei einmischt", schimpfte er ärgerlich, während er den Knöchel seines Neffen untersuchte.

„Der ist gebrochen", informierte er Kriminalkommissar Becker, der inzwischen ebenfalls am Unfallort angekommen war.

Doch der Kriminalkommissar achtete nicht auf den verletzten Jungen. Er blickte wütend Richtung Dom, wo die Droschke mit dem blonden Mann längst nicht mehr zu sehen war.

„Da habt ihr uns ja was Tolles eingebrockt!", brüllte er. „Gerade gingen uns nicht nur 100.000 Mark durch die Lappen, sondern auch unsere Chance, die entführte Frau zu finden."

„Tut mir leid", flüsterte Schorsch. Trotz des schmerzenden Knöchels versuchte er sich aufzurichten.

„Begleiten Sie den Jungen ins Juliusspital", befahl Kriminalkommissar Becker dem Onkel. „Ich werde zurück auf die Wache gehen, um mir was Ordentliches anzuziehen." Er winkte eine Droschke herbei und half dabei, Schorsch auf den Sitz zu heben. Onkel Fritz setzte sich daneben. Bevor er jedoch losfuhr, blickte er seinen anderen Neffen streng an.

„Mit dir werde ich mich später unterhalten. Zunächst gehst du jedoch sofort nach Hause und richtest deiner Mutter aus, dass sie ins Juliusspital kommen soll." Er gab dem Kutscher ein Zeichen und sie galoppierten los.

Michel hatte allerdings keinerlei Absicht, nach Hause zu gehen. Er wollte sich zuerst in der Kärrnergasse umsehen, da er immer noch fest davon überzeugt war, dass der Fuhrmann etwas mit dem Fall zu tun hatte.

„Die Frau verschwand am Mainkai", erklärte er der Freundin. „Die Kärrnergasse verläuft parallel dazu. Vielleicht hält man sie dort versteckt."

Doch Klara hatte Bedenken. „Und was ist mit deinem Bruder? Sollten wir nicht vorher deine Mutter benachrichtigen?"

Michel schüttelte den Kopf. „Die würde sich nur unnötig sorgen. Außerdem ist Schorsch bei Onkel Fritz in guten Händen."

Zwar hatten die beiden Freunde keine Ahnung, ob der Fuhrmann auch tatsächlich in der Kärrnergasse wohnte, trotzdem hatten sie Glück. Ein älterer Junge, der vor einem Gebäude Kisten auf eine Karre lud, kannte den Mann.

„Willi Roth wohnt in Hausnummer 15", erklärte er. „Allerdings ist er jetzt nicht zu Hause. Ihr müsst später wiederkommen." Er überlegte einen Augenblick. „Vielleicht weiß seine Cousine, wo ihr ihn finden könnt." Er griff nach einer neuen Kiste.

„Cousine?"

Der Junge nickte. „Ja, die ist am Samstag oben in die Dachkammer eingezogen. Seltsame Frau. Sie kommt nie auf die Straße runter. Habe sie bisher nur am Fenster gesehen."

Plötzlich hatte Michel einen Geistesblitz. Was,

wenn der Fuhrmann nur so tat, als ob es eine Verwandte sei?

„Wie sieht die Frau aus?", fragte er den Jungen.

Der zuckte mit den Schultern. „Ich weiß nicht. Ich habe sie ja nur kurz am Fenster gesehen. Sie ist jung und hat dunkle Haare. Geht einfach hoch. Sie ist bestimmt zu Hause."

Obwohl die Chancen gering waren, dass es sich um Frieda Krause handelte, wollte Michel trotzdem zur Dachstube hoch. Immerhin war es möglich, dass man ihr die Haare gefärbt hatte. Auch wenn es merkwürdig wäre, dass sie am Fenster nicht um Hilfe rief.

Kurz darauf standen Michel und Klara im dritten Stock vor einer Tür. Sie war nur angelehnt, fast so, als hätte jemand in Eile vergessen, sie zu schließen.

„Hallo?", rief Klara. „Ist da jemand?" Doch es blieb still.

Vorsichtig traten sie in die Kammer ein. Durch schummeriges Licht, das durch eine Dachluke fiel, konnte man eine Kommode, einen Stuhl und ein Bett erkennen. Auf dem Bett zeichneten sich die Umrisse einer schlafenden Gestalt ab.

„Fräulein Krause", rief Klara und begann darauf zuzulaufen, bevor sie schlagartig stehen blieb. Dort lag keine schlafende Frau, sondern Albert Frank.

„Wo ist Frieda Krause?", rief das Mädchen, als sie sich wieder gesammelt hatte. Sie begann ihn heftig an der Schulter zu schütteln. „Was haben Sie mit ihr gemacht?" Doch der Student schlief unbehelligt weiter.

Michel hatte inzwischen auf der Kommode neben einer Waschschüssel einen vollen Krug entdeckt. Kurz entschlossen packte er ihn und goss das kalte Wasser über Herrn Franks Kopf. Endlich begann der schläfrig zu blinzeln und verwundert um sich zu blicken. Doch schon einen Augenblick später setzte er sich ruckartig auf.

„Wo ist Frieda?", rief er.

„Das haben wir Sie ja gerade gefragt", erwiderte Michel.

Der Student wollte aufstehen, doch stattdessen presste er beide Hände an die Schläfen. „Mir ist so schwindelig."

„Wo ist die entführte Frau?", beharrte Michel.

„Frieda Krause wurde nicht entführt", begann der Mann langsam zu erklären. „Sie und ihr Freund Otto Schulze, ein Physikstudent, haben die Entführung nur vorgetäuscht. Sie wollen mit dem Lösegeld nach Amerika auswandern." Albert versuchte abermals aufzustehen. „Wir müssen sofort zur Polizei."

„Dazu ist es zu spät", entgegnete Klara. „Der Mann ist längst über alle Berge." Sie dachte nach. „Was machen Sie eigentlich hier in der Dachkammer des Fuhrmanns, wenn Sie angeblich nichts mit der Entführung zu tun haben? Und was haben Professor Röntgen und Willi Roth mit allem zu tun?"

„Frieda und Otto haben den Fuhrmann bezahlt, damit er Frieda in seiner Dachkammer versteckt. Ich wusste davon. Gestern hat sie mir dann eine Nachricht zukommen lassen, dass sie mich sehen wollte. Ich dachte, ich könnte Frieda zur Vernunft bewegen, doch stattdessen hat sie mir wohl ein Schlafmittel im

Wein verabreicht." Er rieb sich die Schläfen. „Vermutlich hätte ich Otto nach der Vorlesung gestern doch nicht mit der Polizei drohen sollen."

„Und wo ist die Frieda Krause jetzt?", hakte Michel nach.

„Sie wollte sich nach der Geldübergabe mit Otto treffen. Der Fuhrmann brachte ihr gestern Abend einen Umschlag mit den genauen Einzelheiten."

„Wissen Sie, wo sie sich treffen?", drängte Michel. Doch der Student schüttelte nur stumm den Kopf.

Klara sah sich in der Kammer um. Vielleicht gab es hier ja irgendwelche Anhaltspunkte.

„Wenn Sie den Plan der beiden so genau kannten", fragte sie, während sie die Schubladen einer Kommode durchwühlte, „wieso sind Sie nicht gleich zur Polizei?"

„Otto hat mich erpresst. Er wusste, dass ..." Doch der Student kam nicht dazu, den Satz zu beenden. Klara hatte einen Zeitungsausschnitt auf dem Boden neben der Kommode entdeckt. Am Rand hatte jemand „Sei pünktlich! Treffpunkt" draufgeschrieben, offenbar aber vergessen, das Wann und Wo hinzuzufügen. Sie musterte den Artikel genauer. Plötzlich wusste Sie genau, wo sich Otto und Frieda treffen wollten.

„Haben Sie eine Uhr?", fragte sie kurz darauf den Studenten.

Er nickte und zog eine Taschenuhr aus seiner Westentasche. Es war kurz nach ein Uhr.

„Dann bleibt uns nicht mehr viel Zeit!", rief sie. „Wenn wir die Betrüger aufhalten wollen, müssen wir uns beeilen." Und sie hetzte bereits die Treppe nach unten.

Sei pünktlich! Treffpunkt...

Ein Würzburger am Kaiserhof

Würzburg, 13. Januar 1896. Der Würzburger Gelehrte und Professor Dr. Röntgen, dessen Sensationelle Entdeckung der „Neuen Strahlen" Wissenschaftler rund um die Welt begeistert hat, ist vom Kaiser eingeladen worden. Er soll seine Forschungsarbeit am kaiserlichen Hof demonstrieren. Die besagten X-Strahlen ermöglichen den Blick ins Innere des Menschen. Viele Wissenschaftler sind überzeugt, dass diese neue Art der Fotografie vor allem der Medizin unbegrenzte Möglichkeiten eröffnen wird.

Wann und wo wollen sich Otto und Frieda treffen?

In letzter Minute

Als sie wenig später atemlos durch die Torbögen in die Bahnhofshalle rasten, zeigte die große Uhr bereits fast Viertel nach eins an. Der Zug würde in drei Minuten abfahren. Doch um zu den Zügen zu gelangen, musste man erst die Sperre passieren.

„Ohne Bahnsteigkarte lässt uns der Schaffner nie vorbei", stöhnte Michel. Bahnsteigkarten kosteten 10 Pfennig und sie hatten kein Geld. Der Junge blickte zum Schaffnerhäuschen, wo mehrere Fahrgäste Schlange standen. Es war aussichtslos. Doch Klara hatte sich bereits zum Schaffner vorgedrängt.

„Bahnsteigkarte", forderte der Mann.

„Es handelt sich um einen Notfall", erklärte das Mädchen. „Könnten Sie uns bitte ausnahmsweise ohne Karte auf den Bahnsteig lassen?"

„Ach, ja?" Der Schaffner musterte das Mädchen. „Das sagen alle. Ohne Karte kommt hier niemand durch."

„Aber hier stehen 100.000 Mark Lösegeld auf dem Spiel und wir müssen die Betrüger daran hindern, mit dem nächsten Zug abzufahren ..."

„Verschwindet auf der Stelle", unterbrach sie der Mann, „oder ich rufe die Bahnpolizei!"

97

Da hatte Klara eine Idee. Wenn der Schaffner ihr nicht glaubte, sollte der doch die Polizei rufen. Sie brauchten ohnehin Verstärkung. Sie trat einen Schritt zur Seite. Zwischen Schaffner und Absperrung war eine schmale Lücke, gerade groß genug, sich durchzuzwängen.

„Los, komm", rief sie Michel zu. Sie holte tief Luft und stürmte an dem Schaffnerhäuschen vorbei auf den Bahnsteig zu. Michel folgte geschwind. Der Schaffner blickte mit offenem Mund hinterher.

„Das ist ja die Höhe!", schimpfte er. Dann alarmierte er die Bahnpolizei.

Der Zug stand abfahrbereit auf Gleis drei. Die Lok schnaubte wie ein ungeduldiges Monster, das schwarzen Rauch ausspuckte. Türen schlugen zu. Jeden Augenblick würde er losfahren. Auf dem Bahnsteig war viel los, da gleichzeitig auf dem gegenüberliegenden Gleis ein Zug aus der anderen Richtung angekommen war. In dem Trubel würde es unmöglich sein, Otto und Frieda zu finden. Da entdeckte Michel eine Bank, die in der Mitte des Bahnsteigs zwischen zwei Pfeilern stand. Von dort würde sich der Schauplatz besser überblicken lassen.

„Die Bänke sind zum Sitzen da", beschwerte sich eine alte Dame. Doch der Junge ignorierte sie.

„Dort ist er", rief er gleich darauf Klara zu. „Beim zweiten Waggon hinter der Lok!"

Zuerst konnte Klara nur einen Gepäckträger sehen, der einen riesigen Koffer auf der Schulter schleppte. Dann entdeckte auch sie den blonden Mann. Er stand vor der Zugtür, die wertvolle Ledertasche in der Hand. Auf dem Trittbrett des Waggons streckte eine Frau gerade ihren Arm aus, um die Tasche in Empfang zu nehmen. Da sie einen großen Hut mit dunklem Spitzenschleier trug, war ihr Gesicht nur schemenhaft zu erkennen.

Die Kinder stürmten los und schon einen Augenblick später klammerte Klara sich am Rockzipfel des Manns fest, während Michel versuchte, ihm die Tasche aus der Hand zu reißen. Da die verschleierte Frau ebenfalls danach griff, wurde die Tasche immer wieder hin und her gezogen, so lange, bis Michel nach hinten fiel und die Tasche mit einem Knall neben ihm landete. Dabei schlug der Verschluss auf den harten Boden. Etwas klickte und gerade, als zwei Bahnpolizisten auf dem Bahnsteig auftauchten, flatterten Geldscheine wie Herbstblätter über der Plattform.

Obwohl die Polizisten gekommen waren, um die Kinder einzufangen, begriffen sie schnell. Frieda Krause und Otto Schulze wurden verhaftet und zusammen mit dem eingesammelten Geld abgeführt.

Endlich konnte der Bahnhofsvorsteher dem Zugführer das verspätete Abfahrtsignal geben. Die Lok stieß einen lauten Pfiff aus und die Räder setzten sich schnaufend und zischend in Bewegung.

Am nächsten Tag besuchten Michel und Klara Schorsch im Krankenhaus. Obwohl er die Festnahme der Betrüger versäumt hatte, lag er strahlend im Bett, sein Bein bis zum Knie in Gips.

„Zuerst haben sie ein Knochenbild von meinem Bein gemacht", erklärte er stolz. „Danach hat der Doktor das neue Kryptoskop an mir ausprobiert."

„Kryp– was?", fragte Michel. Er begriff nicht, wovon sein Bruder sprach.

„Na, ein Kryptoskop. Das ist ein Apparat, mit dem man einen Körper mit X-Strahlen auch bei Tageslicht durchleuchten kann", erklärte er altklug. „Ist nagelneu und kam erst vor ein paar Tagen hier im Krankenhaus an. Ich war der erste Patient, den sie damit untersucht haben." Dann wurde er ernst. „Wisst ihr inzwischen, was genau passiert ist?"

Michel nickte. Onkel Fritz hatte noch am Vorabend die Mutter über alle Einzelheiten informiert.

„An dem Tag, als Frieda Krause verschwand", berichtete Michel, „kletterte sie am Mainkai in ein leeres

Fass auf Fuhrmann Roths Karren. Der Fuhrmann, der von Otto bezahlt wurde, brachte die Frau heimlich in die Dachstube in der Kärrnergasse. Dort färbte sie sich die Haare und wartete in ihrem Versteck den Tag der Geldübergabe ab."

„Die Waschfrau", fuhr Klara fort, „war so mit dem Aufräumen ihrer Wäsche beschäftigt, dass sie nichts von alldem sah. Der Fischer dagegen schon. Als er drohte, zur Polizei zu gehen, bot ihm Otto Schulze Geld an. Er sollte aussagen, dass er Albert Frank zusammen mit der Frau gesehen hatte, um den Verdacht auf Herrn Frank zu lenken. Da er Herrn Frank ja nicht kannte, hat er, als wir ihn befragten, versehentlich von einem blonden Mann gesprochen."

„Aber wieso hat Frieda Krause ihren eigenen Onkel erpresst?" Schorsch verstand das nicht.

„Angeblich war sie schon lange auf seinen Besitz aus, doch er wollte sie enterben. Da suchte sie sich andere Möglichkeiten, an sein Geld zu kommen. Sie und Otto wollten damit in Amerika ein neues Leben beginnen."

„Und was hatte Herr Frank mit alldem zu tun?"

„Diese Frage kann ich selbst beantworten." Die Freunde hatten gar nicht bemerkt, dass der Student in den Krankensaal getreten war. Er lächelte die Kinder an. „Ich war gerade in der Nähe und wollte wissen, wie es unserem Patienten geht." Er griff in seine Jackentasche und zauberte eine braune Tüte hervor. „Himbeerbonbons", erklärte er. „Als kleines Dankeschön für euch drei." Gleichzeitig reichte er Schorsch einen Umschlag.

„Das ist für dich. Der Arzt braucht es nicht mehr. Du darfst es behalten." Erst dann schilderte er, wie er in den Fall verwickelt wurde.

„Ich hörte zufällig ein Gespräch, in dem Otto und Frieda ihren Plan ausheckten", begann er. „Ich wollte sie davon abhalten, doch sie waren fest entschlossen. Bevor ich danach die Gelegenheit hatte, zur Polizei zu gehen, kam der Drohbrief."

„Aber wieso erpresste Otto Sie?", fragte Klara. Sie begann die Bonbons auszuteilen.

„Er wusste, dass ich kein Abitur hatte", gestand der Student. „Wenn dies bekannt geworden wäre, hätte man mich von der Uni gewiesen."

„Besteht diese Gefahr denn nicht immer noch?"

Herr Frank schüttelte den Kopf. „Ich wandte mich an Professor Röntgen. Er hat ja selbst auch kein Abitur und wollte sich für mich einsetzen."

„Deswegen trafen Sie ihn in der Weinstube", ergänzte Michel.

Der Student nickte. „Als er mir dann später sagte, dass ich auch ohne Abitur weiterstudieren dürfe, sprach ich nochmals mit Otto, um ihn von der Sache abzubringen. Aber er kann mich nicht leiden, weil ich bessere Noten habe, und drohte mir, dass der Fischer gegen mich aussagen würde. Zu diesem Zeitpunkt war ich immer noch nicht bei der Polizei und als dann der Brief von Frieda kam, wollte ich zuerst zu ihr gehen. Ich dachte, ich könnte wenigstens sie überreden, den Plan aufzugeben."

„Stattdessen hat sie Ihnen ein Schlafmittel verabreicht."

„Genau. Doch Dank eurer Hilfe ist alles doch noch mal gut ausgegangen."

Inzwischen hatte Schorsch den Umschlag geöffnet. Er zog ein großes Foto hervor. Man konnte darauf die beiden Unterschenkelknochen eines Beins erkennen. Im Schienbein sah man einen feinen Riss.

„Ist das dein Bein?", fragte Michel.

Schorsch nickte stolz. Er steckte sich ein rosa Bonbon in den Mund und lutschte zufrieden daran, während Klara und Michel das Knochenbild bewunderten. Diese X-Strahlen waren wirklich genial!

Lösungen

Besuch zur Mittagszeit
Auf dem Zettel steht: *Ich kenne dein Geheimnis. Wenn du schweigst, werde auch ich schweigen.*

Polizeispitzel
Ihr Name ist: Frieda Krause.

Entdeckung im Labor
Klara hat bemerkt, dass der Schmuck auf dem Röntgenbild rechts unten mit dem von Frieda Krause übereinstimmt.

Auf der Wache
Kommissar Becker hat Folgendes notiert: *Fall Frieda Krause – Zuletzt gesehen: Samstagabend Mainkai, Nähe Waschschiff – Zeugen: Lioba Huber (Wäscherin), Franz Beck (Fischer), Willi Roth (Fuhrmann) – Hauptverdächtiger: Albert Frank – Verdacht auf Entführung.*

Fahnder unterwegs
Albert Frank hat sich mit Professor Röntgen getroffen.

Zeugenbefragung
Die Aussagen widersprechen sich. Der Fischer behauptet, dass er Albert Frank kennt, spricht aber von einem blonden Mann. Der Fuhrmann beteuert, Albert Frank nicht zu kennen, erwähnt jedoch seinen Namen. Außerdem spricht er von Trubel, während die Wäscherin zuvor ausgesagt hat, dass nur noch drei Leute am Kai waren.

Belauschte Gespräche
Die Notiz lautet: *Lieber Albert, komme heute Abend um neun Uhr in die Kärrnergasse. Ich werde dort auf dich warten. Es gibt viel zu besprechen.*

Aktion Fischmarkt

Missglückte Verfolgungsjagd
Treffpunkt und Uhrzeit sind: 13.18 Uhr, Gleis 3, Bahnhof.

Glossar

Anatomie: Lehre vom Aufbau des menschlichen Körpers und seiner Organe

Anode: positives Ende eines Stromkreislaufs (siehe auch Elektrode)

Droschke: offene, von Pferden gezogene Kutsche

Elektroden: die beiden metallenen Enden eines Stromkreislaufs (Anode und Kathode), zwischen denen elektrischer Strom geleitet wird

Kathode: negatives Ende eines Stromkreislaufs (siehe auch Elektrode)

Kryptoskop: handliches Röntgengerät, mit dem Patienten auch bei Tageslicht untersucht werden konnten

Petroleumlampe: Lampe, die durch Verbrennen von Petroleum Licht erzeugt

Schmierseife: flüssige Seife, die früher statt Waschpulver benutzt wurde

Vakuum: luftleerer Raum, der erzeugt wird, indem man alle Luft aus einem Gefäß pumpt

X-Strahlen: Bezeichnung Wilhelm Conrad Röntgens für die Strahlen, die später in Röntgenstrahlen umbenannt wurden

Zellerau: Stadtteil Würzburgs

Zeittafel

27.3.1845 Wilhelm Conrad Röntgen wird in Lennep, heute ein Stadtteil von Remscheid, geboren.

1848 Die Familie Röntgen wandert in die Niederlande, nach Apeldoorn, aus.

1861–1863 Wilhelm besucht die Technische Schule in Utrecht.

1864 Wilhelm wird ohne Abitur von der Schule verwiesen.

1865–1868 Röntgen studiert – ohne Abitur – Maschinenbau an der Technischen Hochschule in Zürich.

1868 Röntgen schließt sein Studium mit einem Diplom als Maschinenbauingenieur ab und hängt ein Aufbaustudium der Physik an.

1869 Röntgen promoviert in Physik mit einer Doktorarbeit über Gase.

1870 Röntgen begleitet den Physiker August Kundt als Assistent nach Würzburg.

1872 Heirat mit Anna Bertha Ludwig, der Tochter eines Gastwirts.

1874 Da ihm die Würzburger Universität wegen seines fehlenden Abiturs verweigert, dort zu lehren, geht er nach Straßburg, wo er die Prüfung zum Professor ablegt.

1875 Als Professor für Physik und Mathematik unterrichtet er an der Landwirtschaftlichen Akademie Hohenheim.

1876 Röntgen erhält eine Stelle als Professor für Theoretische Physik in Straßburg.

1879	Röntgen zieht als Professor für Experimentelle Physik an die Universität Gießen.
1887	Josephina, Anna Berthas Nichte, wird von den Röntgens aufgenommen und später adoptiert.
1888	Als Professor für Experimentalphysik zieht Röntgen nach Würzburg und übernimmt dort die Leitung des Physik-Instituts.
1893–1894	Röntgen wird zum Rektor der Universität Würzburg gewählt.
8.11.1895	Röntgen entdeckt die X-Strahlen im Physik-Institut der Universität Würzburg und macht die erste Röntgenaufnahme einer Hand.
Dez. 1895	Röntgen verfasst einen Forschungsbericht über die neuen Strahlen, den er, zusammen mit einer Röntgenaufnahme, an Kollegen verschickt.
Jan. 1896	Erste Zeitungsberichte über die „sensationelle Entdeckung" werden veröffentlicht. Röntgen wird von Kaiser Wilhelm nach Berlin geladen, um im Schloss einen Vortrag über seine neue Entdeckung zu halten. Sein Bericht „Über eine neue Art von Strahlen" wird in fremde Sprachen übersetzt.
März 1896	Erste Ärzte benutzen Röntgenstrahlen zur Diagnose.
April 1896	Auf einer Ausstellung in New York stellt der amerikanische Erfinder Thomas Edison ein Kryptoskop vor, einen Röntgenapparat, der mit der Hand gehalten werden kann.
1900	Röntgen wird an die Universität München

berufen. Erste Röntgenologen beginnen als Spezialisten zu praktizieren.

1901   Röntgen wird als erstem Physiker der Nobel-preis verliehen.

1904   Die Gefahr von Röntgenstrahlen wird erkannt.

31.10.1919   Anna Bertha Röntgen stirbt nach langer Krankheit.

10.2.1923   Professor Wilhelm Conrad Röntgen stirbt in München.

Wilhelm Conrad Röntgen und die X-Strahlen

Der Onkel ist verrückt geworden

Am Freitagabend des 8. November 1895 turnte die vierzehnjährige Josephina Röntgen am Reck in der Wohnung über dem Physik-Institut der Universität Würzburg. Draußen dämmerte es bereits und das Dienstmädchen hatte die Gaslampen angezündet. Tante Bertha saß im Lehnstuhl neben dem Fenster und Onkel Wilhelm arbeitete einen Stock tiefer in seinem Labor. Plötzlich kam der Onkel aufgeregt die Treppe hoch in die Wohnung gestürmt. Er wollte dringend mit der Tante sprechen. Schon einen Augenblick später begleitete Tante Bertha ihren Mann ins Labor hinab. Ihre Nichte wies sie an, weiterzuturnen. Viel später, als Onkel und Tante endlich zurück in die Wohnung kamen, schickten sie Josephina kommentarlos ins Bett. Was sich unten im Labor ereignet hatte, erfuhr das Mädchen vorerst nicht.

Die nächsten Wochen verbrachte der Onkel fast jede Minute im Labor. Er war wie besessen von seiner neuen Entdeckung. Selbst tagsüber verdunkelte er dort die Fenster und ließ sich seine Mahlzeiten ins Labor bringen. Sogar ein Bett wurde dort für ihn aufgestellt, damit er sich nachts wenigstens ein paar Stunden lang ausruhen konnte. In der Dienstwohnung über dem Institut zeigte er sich kaum. Da Josephina nicht ins Labor durfte, hatte sie noch immer keine Ahnung, um was es da ging. Allerdings war sie überzeugt, dass dort merkwürdige Dinge geschahen. Immerhin hatte sie das gespenstische Knochenbild von Tante Berthas Hand gesehen. Zudem war der Onkel selbst überzeugt, dass, wenn seine Entdeckung bekannt würde, man ihn für völlig verrückt erklären würde.

Dann, kurz nach Weihnachten, war es soweit: Onkel Wilhelm hatte seine Forschungsergebnisse in einem Bericht zusammengefasst. Er steckte Kopien der Abhandlung zusammen mit Abzügen des Knochenbilds in Umschläge und schickte sie mit Neujahrsgrüßen an befreundete Kollegen. Danach überschlugen sich die Ereignisse: Bereits wenige Tage später erschienen die ersten Zeitungsartikel, die den Würzburger Professor und seine sensationelle Entdeckung priesen. Die Nachricht von den X-Strahlen verbreitete sich in Windeseile. Selbst Kaiser Wilhelm II. wollte mehr darüber erfahren und lud den Onkel zu sich nach Berlin ein. Inzwischen hatte auch Josephina herausgefunden, was an jenem Novemberabend im Labor des Physik-Instituts geschehen war: Onkel Wilhelm hatte Strahlen entdeckt, die den menschlichen Körper durchsichtig machten.

Entdeckung im Labor

Eigentlich war die Entdeckung der X-Strahlen Zufall. Schon Mitte des 19. Jahrhunderts hatten Wissenschaftler herausgefunden, dass ein luftleeres Glasrohr zu glühen beginnt, wenn man es an einen Stromkreislauf anschließt. Auch Röntgen war dieses Experiment längst bekannt. Er brauchte dazu einen Glaskolben, der durch zwei Drähte an einer Stromquelle, ähnlich einer riesigen Batterie, angeschlossen war. Um das Experiment durchzuführen, musste er zunächst alle Luft aus dem Rohr pumpen, um einen luftleeren Raum, ein Vakuum, zu erzeugen. Wenn er anschließend den Strom einschaltete, erhitzte sich der Draht am negativen Ende, der Kathode, und begann Elektronen auszusenden. Diese wurden durch das Vakuum auf das andere Drahtende im Glasrohr, die positive Anode, gezogen. Wie durch Zauberei erschien jedes Mal zwischen den beiden Polen ein grünblau schimmerndes Band. An jenem Novemberabend entschloss sich Professor Röntgen jedoch, die Versuchsanordnung leicht abzuändern. Er umhüllte das Glasrohr mit schwarzer Pappe, sodass kein Licht durchdringen konnte. In der Nähe stellte er einen Pappschirm auf, den er zuvor mit einer fluoreszierenden Spezialmasse bestrichen hatte. Wie die Leuchtstreifen an Fahrrädern würde der Pappschirm nur leuchten, wenn man ihn direkt bestrahlte. Und dann geschah das Unglaubliche: Obwohl aus dem Glasrohr in der schwarzen Papphülle eigentlich kein Licht dringen konnte, begann der Papierschirm in dem verdunkelten Raum grün zu leuchten. Aus der Röhre war unsichtbare Strahlung ausgetreten! Als er anschließend seine Hand zwischen den Leuchtschirm und die Röhre hielt, konnte Röntgen ein Schattenbild seiner Knochen erkennen. Er hatte eine sensationelle Entdeckung gemacht: Die Strahlen, die aus der Röhre kamen, durchdrangen den menschlichen Körper. Da der Wissenschaftler sie selbst nicht erklären konnte, nannte er sie „X-Strahlen".

Weil Röntgen ein begeisterter Fotograf war, kam er bald auf eine Idee, wie man die durch die X-Strahlen erzeugten Schattenbilder dauerhaft erhalten konnte. Statt dem Pappschirm hielt er eine lichtempfindliche

Fotoplatte vor die unsichtbaren Strahlen und bat seine Frau, ihre Hand davorzuhalten. Die Strahlen durchdrangen das Gewebe und hinterließen ein Knochenbild ihrer Hand auf der Platte. Die erste Röntgenaufnahme war entstanden.

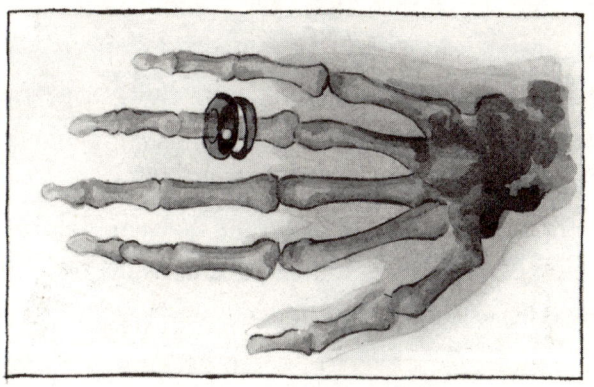

Röntgenstrahlen erobern die Welt

Schon Ende Januar 1896 erschienen Übersetzungen von Röntgens Artikel über die X-Strahlen in Zeitschriften rund um die Welt. Da es einfach war, den Versuch nachzubauen, konnte jeder, der sich dafür begeisterte, das Experiment nachvollziehen. Anfangs interessierten sich zwar nur Wissenschaftler für die neue Entdeckung, doch es dauerte nicht lange, bis auch andere Leute davon erfuhren. Der Gedanke, in den eigenen Körper blicken zu können, war einfach zu verlockend. Im April, auf einer Ausstellung über Elektrizität in New York, gehörten die mysteriösen X-Strahlen zu einer der größten Attraktionen, denn Besucher konnten dort ihre eigenen Knochen bestaunen. Im Laufe des Jahres 1896 hatte fast jedermann von den geheimnisvollen X-Strahlen gehört. In vielen Städten wurden Röntgenapparate sogar auf Jahrmärkten vorgeführt und auf Partys vergnügten sich Gäste damit, sich zu durchleuchten. Knochenbilder von den eigenen Händen wurden zur neuesten Mode. Aber nicht jeder war glücklich über diese Entwicklung. Der Gedanke, dass Fremde in ihren Körper bli-

cken konnten, ließ manche erschaudern. Und schon im Frühjahr 1896 bot eine Londoner Firma Röntgen-strahlen-sichere Unterwäsche an.

Die X-Strahlen wurden binnen Kurzem in „Rönt-genstrahlen" umbenannt, obwohl der bescheidene Professor weiterhin die Bezeichnung X-Strahlen vor-gezogen hätte. Patentiert wurden die Strahlen jedoch nicht. Professor Röntgen wollte damit kein Geld ma-chen, sondern war der Meinung, dass Entdeckungen dem Allgemeinwohl dienten.

Röntgenstrahlen im Alltag

Allen voran, waren Ärzte an der neuen Entdeckung interessiert. Mit Röntgenstrahlen konnten sie endlich das Innere ihrer Patienten untersuchen, ohne sie auf-zuschneiden. Zahlreiche neue Möglichkeiten eröff-neten sich. So konnte man damit vermeiden, dass ge-brochene Knochen krumm zusammenwuchsen, und viele Krankheiten, wie bösartige Tumore, frühzeitig er-kennen. Schon wenige Monate nach Röntgens Ent-deckung hatten Erfinder verschiedene Geräte ent-wickelt, die eine Untersuchung mit X-Strahlen vereinfachten. Erste Ärzte begannen sich in Röntgen-heilkunde zu spezialisieren. Heute sind Röntgenstrahlen in der Medizin nicht mehr wegzudenken. Allerdings haben sich die Geräte seit Röntgens Zeiten weiterentwickelt. Statt auf eine Fotoplatte oder einen Leuchtschirm wird das Schattenbild des Körperinneren heute direkt auf einen digitalen Computer übertragen. Auch hat man inzwischen längst entdeckt, dass die Strahlen schädlich sind, und schützt Patienten, Ärzte und Krankenschwestern durch spezielle Filter.

Außer in der Medizin werden Röntgenstrahlen noch in vielen anderen Bereichen angewandt. Auf Flughäfen werden Gepäckstücke durch Röntgenscanner geschickt, um den Inhalt der Koffer und Taschen zu durchleuchten. So kann man beispielsweise versteckte Waffen oder Schmuggelware erkennen. Wissenschaftler, wie Geologen und Mineralogen, analysieren damit Gesteine, Archäologen lösen Rätsel der Vergangenheit. Mumien lassen sich gut mit Röntgenstrahlen untersuchen, ohne die zerbrechlichen Skelette zu zerstören. In der Kunst durchleuchten Fachleute Gemälde. Dabei gelingt es ihnen nicht nur, in tiefere Schichten eines Kunstwerks zu blicken, sondern auch Fälschungen zu erkennen. Kriminalisten benutzten Röntgengeräte, um Fingerabdrücke sichtbar zu machen und Verbrechen zu klären. Als äußerst nützlich haben sich Röntgenstrahlen auch in der Qualitätskontrolle erwiesen, da sie verborgene Fehler sichtbar machen. So lassen sich versteckte Risse in Metall, wie in langen Rohrleitungen für Öl und Gas, frühzeitig erkennen und beheben. Sogar im Weltraum setzt man heute Röntgenteleskope ein. Fürs bloße Auge unsichtbar, werden damit ferne Sterne, Galaxien und schwarze Löcher aufgespürt. Zwar war sich Wilhelm Conrad Röntgen durchaus bewusst, dass er am 8. November 1895 eine sensationelle Entdeckung gemacht hatte, doch hätte selbst er sich nie träumen lassen, zu was sich die X-Strahlen alles verwenden lassen, und vor allem nicht, dass man damit einst die Geheimnisse des Weltalls erforschen würde.

Renée Holler träumte schon als Kind davon, Schrift-
stellerin zu werden, studierte nach dem Abitur jedoch
erst Völkerkunde und Geografie. Anschließend reiste
sie um die Welt, arbeitete in einem Verlag und in einer Buchhandlung. Seit 1992 lebt sie mit ihrer Familie in Oxford, England. Inzwischen hat sie ihren
Kindheitstraum verwirklicht und bereits mehr als
zwanzig Bücher für Kinder und Erwachsene geschrieben. Renée Holler im Internet: *www.reneeholler.com*

Yousun Koh wurde 1975 in Korea geboren und hat
in Seoul Visual Design und anschließend in Münster
Illustration studiert. Seit ein paar Jahren arbeitet sie
als freiberufliche Illustratorin und liebt es, Lesern die
Welt in ihren Bildern erklären und vermitteln zu
können.

TATORT
GESCHICHTE

Historische Ratekrimis
Geschichte erleben und verstehen!

Weitere Titel aus der Reihe:

· Der Mönch ohne Gesicht
· Gefahr für den Kaiser
· Spurensuche am Nil
· Anschlag auf Pompeji
· Falsches Spiel in der Arena
· Fluch über dem Dom
· Der Geheimbund der Skorpione
· Rettet den Pharao!

Ratekrimis mit Aha-Effekt!

Weitere Titel aus der Reihe:

- Anschlag auf die Buchwerkstatt
- Der gestohlene Geigenkasten
- Ein Fall für den Meisterschüler
- Alarm im Laboratorium
- Verrat unterm Sternenhimmel

TATORT ERDE

Ratekrimis aus aller Welt!

Weitere Titel aus der Reihe:

- Verschollen im Regenwald
- Jagd auf die Juwelendiebe
- Zum Dinner ohne Alibi
- Koalas spurlos verschwunden!
- Verrat im Tal der Könige
- Der Dieb mit der roten Maske
- Auf der Flucht durch Tokio